KB272828

버릴수록 부자 되는
미니멀리즘 재테크

버릴수록 부자 되는 미니멀리즘 재테크

초판 1쇄 발행 2026년 2월 25일

지은이 미니멀리스트 다케루 / **옮긴이** 안혜은

펴낸이 조기흠
총괄 이수동 / **책임편집** 이지은 / **기획편집** 최진, 박의성, 유지윤
마케팅 박태규, 임은희, 김예인, 김선영 / **제작** 박성우, 김정우
교정교열 서진 / **디자인** 이슬기

펴낸곳 한빛비즈(주) / **주소** 서울시 서대문구 연희로2길 76 5층
전화 02-325-5506 / **팩스** 02-326-1566
등록 2008년 1월 14일 제 25100-2017-000062호

ISBN 979-11-5784-855-3 03320

이 책에 대한 의견이나 오탈자 및 잘못된 내용은 출판사 홈페이지나 아래 이메일로 알려주십시오.

파본은 구매처에서 교환하실 수 있습니다. 책값은 뒤표지에 표시되어 있습니다.

⌂ hanbitbiz.com ✉ hanbitbiz@hanbit.co.kr ⓕ facebook.com/hanbitbiz
Ⓝ blog.naver.com/hanbit_biz ▶ youtube.com/한빛비즈 ⓘ instagram.com/hanbitbiz

지금 하지 않으면 할 수 없는 일이 있습니다.
책으로 펴내고 싶은 아이디어나 원고를 메일(hanbitbiz@hanbit.co.kr)로 보내주세요.
한빛비즈는 여러분의 소중한 경험과 지식을 기다리고 있습니다.

15분 방 정리로
30대에 경제적 자유를 얻은
미니멀리스트의
가장 쉬운 투자법

버릴수록 부자 되는 미니멀리즘 재테크

미니멀리스트 다케루 지음

안혜은 옮김

한빛비즈
Hanbit Biz, Inc

돈에 대한 불안에서 나를 구한
미니멀리스트 생활

먼저 이 책을 선택해 주신 독자 여러분께 감사를 전한다. 나는 2017년부터 '미니멀리스트 다케루(ミニマリスト Takeru)'라는 유튜브 채널에서 '미니멀리스트의 삶', '정리', '절약'을 주제로 한 콘텐츠로 활동 중이다. 뜨거운 성원 덕분에 구독자 14만 명을 돌파했고 누적 조회수 9,000만 회에 이르는 대형 채널로 성장했다(2025년 12월 기준).

'미니멀리스트'란 필요한 물건만 가지고 낭비 없이 간소하게 살아가는 사람을 이른다. 물건의 수를 줄여 삶을 간소하게 함으로써, 불필요한 스트레스와 관리의 수고로움을 덜고 '자유롭고 넉넉한 시간', '경제적 풍요', '마음의 여유'를 얻는 것이 목적이다.

하지만 대량 생산, 대량 소비 시대에 사는 우리는, 어느새 대량으로 물건을 구매해 집에 쟁이며 지내는 것을 당연시하고 있다. 이미 사는 데 필요한 물건은 충분한데도 물욕을 다스리지 못하고 매달 새로운 옷과 화장품, 생활용품, 수납 용품과 비품을 사들인다. 이래서는 생활비가 많이 들고 돈 모으기가 어려워지는 것도 당연하다.

여러분도 혹시 이런 문제를 겪고 있지 않은가?

- ☐ 저축을 못한다.
- ☐ 대출 갚을 생각에 아득하다.
- ☐ 절약에 서툴다.
- ☐ 물욕이 많아 늘 돈이 부족하다.
- ☐ 돈이 없어서 결혼과 아이를 포기했다.
- ☐ 일벌레 생활에 지쳤다.
- ☐ 아무리 돈을 벌어도 마음이 허하다.
- ☐ 원하던 것을 손에 넣어도 금세 관심이 시들해진다.

☐ 뭔가 도전하고 싶지만, 돈이 없어 못한다.

앞에서 나열한 모든 내용은 물건을 잔뜩 쟁이며 살았던 20대 초반, 내가 했던 고민들이다.

2015년, 나는 경제적으로 굉장히 어려웠다. 그해에 궤양성 대장염이 재발하여 수입이 전혀 없었고, 1년을 쉬는 바람에 저축한 돈도 바닥나고 말았다. 인생 최대의 위기, 말 그대로 인생의 나락에 떨어진 것이다.

그런 내가 불필요한 물건을 줄여 미니멀리스트가 된 후 돈 문제를 해결할 수 있었다. 미니멀리스트는 단순히 물건을 소유하지 않는 것이 아니다. ‘나에게 정말 필요한 물건은 무엇인가?’, ‘무엇이 있으면 충분한가’를 판단해야 한다. 나에게 ‘꼭 필요한 것’을 알면 불필요한 지출을 줄일 수 있다.

그 결과, 계속 물건을 쟁이던 습관이 없어졌고 생활비는 100만 원(1인 가구)으로 줄었다. 이후 결혼하여 아내와 2인 가구를 이루었지만, 생활비는 월 200만 원(인당 100만 원)으로 이전과 비슷했다. 아이가 생긴 지금도 생활 방식은 그대로다. 인생의 나락을 맛본 2015년에서 지금까지 10여 년

이 흘렀으나 자산은 순조롭게 불어나고 있다.

수입과 자산이 얼마가 되든 내가 미니멀리스트 생활을 그만둘 일은 없다. 앞으로 죽는 날까지, 필요한 것만 가지고 소박하게 살아갈 것이다. 그렇게 해도 우리 가족은 얼마든지 행복하기 때문이다. 지금보다 생활 수준을 높여야 할 이유가 전혀 없다.

수입과 자산이 증가했다고 옛날처럼 사치스럽게 살면, 다시 빈털터리가 되어 불안과 초조 속에 금전적, 정신적으로 가난해질 것이다.

'검소하고 소박한 생활'이 한편으로는 궁상맞아 보일 수도 있지만, 사실 우리는 안정감 속에서 여유롭게 살고 있다. 아프거나, 수입이 줄어들어도 예전처럼 돈이 떨어질 일은 없다. 우리 수준에 맞는 튼튼한 재정을 갖췄다.

여러분은 어떤가? 생활비가 많이 들어 저축이 힘든 사람은 '돈이 없으면 행복하지 않은 체질'일 것이다. 보이는 것마다 사고, 사치를 부리지 않으면 행복해지지 않는다. 욕망은 더 큰 욕망을 낳아 언제까지고 거기서 헤어 나오지 못하게 한다. 그래서 아무리 많이 가져도 충족되지 않는 '가난한 마음'을 만들어 낸다. 결국 더 큰 수입을 원하고, 닥치는 대로 일하며 살게 된다.

혹시 여러분도 지금 불안과 초조, 삶의 고통, 생활의 어려움을 겪고 있지 않은가? 아니면 진심으로 만족스러운 삶을 살고 있는가?

나는 많은 것을 원하지 않는다. 욕심 없이 지금 있는 것에 만족하며 마음 부자로 살고 싶다. 항상 마음을 가득 채우고 싶다. 적은 물건으로 간소하게 지내고 싶다. 깔끔한 집에서 매일 쾌적하게 지내고 싶다. 집안일로 생기는 스트레스 없이 여유롭게 지내고 싶다. 억지로 일하고 싶지 않고, 하기 싫은 일은 안 하고 싶다. 좋아하는 일만 하며 자유롭게 살고 싶다.

나는 미니멀리스트야말로 최고의 절약 방법이자 자유로운 삶의 방식이라고 생각한다. 불필요한 것을 줄일 수 있는 데까지 줄인다. 물건을 필요 이상으로 소유하지 않고, 사지 않는다. 하지만 '좋아하고', '도전해 보고 싶은' 것에는 아낌없이 돈을 쓴다. 그러면 오히려 절약하는 생활도 즐거워지며 저절로 돈이 불어나는 구조를 만들 수 있다.

 버릴수록 부자 되는 미니멀리즘 재테크

여러분도 미니멀리스트의 특기인 '내려놓고', '줄이고', '간소화하고', '없애는' 행동 습관을 익히면 절약에 큰 도움이 될 것이다. 집이 정돈되고 마음에 여유가 생기는 것은 덤이다. 믿기 어렵겠지만 사실이다.

이 책에서 미니멀리스트의 절약 방법을 보여 주려 한다. 자유롭고 풍요로운 시간이 많아지며, 나아가 마음마저 충족시키는 생활 방식을 구체적으로 소개한다. 단순히 '돈을 쓰지 않는 절약법'이 아닌 집을 정리하고, 재정 상태를 점검하고, 삶 전체를 정리하는 방법을 알차게 담았다. 요컨대, 낭비를 없애고 필요한 것에는 돈과 시간을 투자하는 것이다. 내가 약 10년간 차곡차곡 돈을 모을 수 있었던 실천적 방법을 이 책에서 배워 보길 바란다.

미니멀리스트 다케루

차 례

제1장

물건이 많을수록
통장은 비어 간다

1

집이 엉망이면
돈도 못 모은다

수입이 많든 적든 저축을 못하는 사람이 있다. 그것은 그 사람의 '집 상태'를 보면 바로 알 수 있다. 집이 엉망이면 재정 상태도 엉망일 가능성이 높다는 말처럼, 실제로 집은 당신의 재정 상황을 그대로 반영한다. 이 둘은 떼려야 뗄 수 없는 관계다.

여러분 집에 있는 물건들은 모두 '돈'의 다른 모습이다. 따라서 물건이 많다는 것은 그만큼 재산을 탕진했다는 뜻이기도 하다. 당신의 집에는 물건이 몇 개나 있는가?

깔끔하게 사는 1인 가구의 물건 개수가 보통 1,000개라면, 지저분한 집은 2,000개가 넘는다고 한다. 개당 만 원이라 치면 천만 원이나 차이가 나는 셈이다.

또 3인이나 4인 가구가 평균적으로 보유하고 있는 물건 개수는 3,000~5,000개라고 하니, 지저분한 집은 그 이상이다. 수년, 수십 년 된 물건을 쌓아 두고 있다면 족히 1만 개는 되지 않을까. 개당 1만 원이라 치면 1억 원이다. 그렇게 많은 돈을 썼다는 것이 체감되는가?

이처럼 물건이 늘면 늘수록 돈이 줄어드는 것은 당연하다. 하지만 우리는 '돈이 없다', '저축할 여유가 없다'라고 푸념하면서도 쇼핑을 계속한다. 생활에 필요한 물건은 이미 충분하므로 저축하고 싶으면 물건을 안 사면 될 일이다.

나는 인생의 밑바닥을 맛본 그날 이후, 불필요한 물건을 최대한 줄이고 100개 이하의 물건으로 생활하게 되었다. 생활비가 대폭 줄어든 것은 말할 것도 없다. '100개로 어떻게 살아?' 하고 반문하는 사람도 있을 텐데, 우리가 매일 사용하는 물건은 생각보다 적다. 수면, 식사, 일, 외출, 취미,

　버릴수록 부자 되는 미니멀리즘 재테크

공부, 청소, 샤워, 건강 관리 등 하루에 사용하는 물건은 제한적이다.

여러분이 '매일 사용하는 물건'을 세어 보자. 아침에 일어나 잠드는 순간까지 막상 사용하는 물건은 몇 개 없다는 것을 알게 될 것이다. 그런데 몇천 개나 되는 물건이 필요할까?

'현재' 생활에 필요한 물건은 인당 많아야 200개 정도일 것이다. '미래'를 위해 비축한 물건과 '과거'의 추억이 담긴 물건을 포함해도 300개 미만이다. 그 이상은 결국 사용하지 않고 수납, 방치된다. 쓸데없이 돈을 낭비하고 있을 가능성이 매우 높은 것이다.

미니멀리스트는 이러한 진실을 알기에 불필요한 물건을 집에 두지 않는다. 의미 없는 쇼핑을 하지 않는 것이다. 그러면 돈은 자연스럽게 불어난다. 미니멀리스트는 물건 관리를 잘하는 만큼 돈 관리에도 뛰어나다.

물욕을 다스리지 못하면 생활비가 치솟아 열심히 돈을 벌 수밖에 없다. 그러면 자연히 집안일에 소홀해지고 집은 점점 먼지투성이가 되어 간다.

산더미처럼 물건이 쌓인, 어수선하고 지저분한 집은 최악이다. 물건을 허구한 날 찾고, 찾지 못하면 비슷한 물건을 또 사고, 보관할 공간이 부족하니 수납장을 더 마련하고, 그러다 보면 집이 어수선해져 청소 도구도 늘어난다. 마침내 수납을 위해 더 넓은 집으로 이사하여 이전보다 많은 주거비를 지출하게 된다. 즉, 물건이 많은 삶은 '돈을 모으기 힘든 재정 상태'로 이어지는 것이다.

혹시 당신도 이러한 상황에 빠져 있지는 않은가?

- 집이 항상 어수선하다.

- 수납 공간이 부족하다.

- 자주 물건을 잃어버리거나, 어디에 두었는지 잊는다.

- 집안일은 스트레스라 그냥 쌓아 둔다.

- 정리해도 금세 다시 지저분해진다.

- 갖고 싶은 것이 생기면 바로 산다.

- 쇼핑이 취미다.

- 집에 쟁여 둔 물건이 많다.

- 다른 사람의 물건을 쉽게 탐낸다.

　　버릴수록 부자 되는 미니멀리즘 재테크

- 신상품이 나오면 바로 산다.

- 저렴한 것만 사는데도 늘 돈이 부족하다.

- 매달 용도를 알 수 없는 지출이 많다.

- 몇 년 사이에 넓은 집으로 이사하여 주거비 지출이 늘었다.

어떤가? 해당하는 항목이 많다면 지나친 쇼핑으로 돈을 모으기 어려운 상태라는 뜻이다. 이래서는 아무리 열심히 일해도 늘 돈이 부족하고 집도 지저분해서 생활 만족도가 떨어질 수밖에 없다.

Point

☑ 집이 엉망이면 재정 상태도 엉망이 된다.

☑ 물건 관리를 잘하면, 돈 관리도 잘한다.

☑ 물건이 많은 집은 돈을 모으기가 어렵다.

☑ 쟁이지 않고 필요한 물건만 두고 살면 저축을 많이 할 수 있다.

2

내 몸을 망치는 '보여 주기식' 소비

여러분은 '파킨슨 제2법칙'에 대해 들어 본 적이 있는가? '지출액은 수입액에 이를 때까지 팽창한다'라는 법칙이다. 수입에 비례하여 저축액이 늘지 않는 이유는 그 때문이다. 인간은 유혹에 약하고 돈이 있으면 있는 대로 다 써 버리는 습성이 있다.

여러분도 혹시 이런 경험이 있는가? 수입이 늘자마자 좋은 집으로 이사하고, 고급 차를 사고, 비싼 옷과 시계, 명품을 사고, 호화로운 외식과 여행을 밥 먹듯이 하고, 갑자기 미용과 취미에 큰돈을 쓴다. 요즘 SNS에는 이런 모습을 자랑하는 게시물이 자주 보인다.

물론 그런 행태를 무조건 비난하는 것은 아니다. 사람마다 인생을 즐기는 방식은 다르고 벌어들인 돈을 어떻게 쓸지는 자유다.

다만 인간의 욕심은 끝이 없고, 생활 수준이 높아지면 자산을 불리기 어려워지므로 주의해야 한다. 돈을 많이 쓰면 그만큼 일도 많이 해야 한다.

나도 수입이 늘어 씀씀이가 커진 시기가 있었다. 돈 관리를 대충하고, 가격표도 보지 않고 쇼핑을 즐겼으며, 명품과 외식, 여행에 많은 돈을 탕진했고, 읽지도 않는 책을 잔뜩 사는 등 내키는 대로 돈을 썼다. 정신을 차렸을 때는 이미 생활비가 어마어마하게 늘어나 더 죽도록 일할 수밖에 없었다(쓴웃음).

일을 좋아해서가 아니다. 하지만 생활비가 불어나니 어쩔 도리가 없었다. 인간의 욕심은 이토록 무서운 것이다. 여러분도 이런 상황에 있는 것은 아닌가?

나도 이러한 과거가 있어서 수입이 늘면 사치를 부리고 싶고, 갖고 싶었던 것을 모조리 사고 싶은 마음도 이해한다. 돈을 벌면 쓰고 싶은 것은 인간의 자연스러운 욕구다. 오히려 지출을 늘리지 않기가 더 어렵다.

하지만 나는 이러한 삶에 한계를 느꼈고 결국 '사치스러운 생활'을 접게 되었다. 당시에는 툭하면 컨디션이 좋지 않았다. 과로와 스트레스로 폭발하기 직전이라 생활을 개선해야 했다. 곧장 재정 상태를 돌아보고 새로운 삶을 모색하기 시작했다.

그리고 마침내 '검소하고 소박한 생활'에 이르게 되었다. 선禪을 접하고, 전 우루과이 대통령 호세 무히카의 삶과 언행에서 깊은 울림을 느낀 것이 계기가 되었다.

선에는 '소욕지족'이라는 말이 있다. "없는 것을 구하지 않고 지금 가진 것에 만족하라"라는 뜻이다. 나는 절약을 실천하며 마음 부자로 살아가려면 이 방법뿐이라고 생각했다.

사치스럽게 살던 시절에는 가진 것에 만족하지 못하고 없는 것에 집착했다. 그래서 아무리 돈을 많이 벌고, 원하던 것을 손에 넣어도 마음이 충족되지 않은 것이다.

나는 진정한 풍요로움은 없는 것을 구하지 않고 가진 것에 만족하는 것임을 깨달았다.

우루과이 전 대통령 호세 무히카는 대통령 시절 한 달 치 급여가 약 1,000만 원이었다. 그런데 그중 90%를 어려운 사람들을 위해 기부하고 남은 돈 100여만 원으로 생활했다고 한다. 이런 이유로 그는 '세계에서 가장 가난한 대통령'이라는 별명을 얻게 되었다.

나는 사치스러운 생활을 끝내고 호세 무히카와 관련된 책이라면 모조리 찾아 읽었다. 거기서 다음 3가지 이야기를 접했다.

"많은 것을 바라지 말고 필요한 것만 쓰며 검소하게 살아라. 삶의 의미는 자유로운 시간을 누리는 데 있다. 욕망에 사로잡혀서는 안 된다."

"가난은 가진 바가 없는 것이 아니라 한없이 원하는 마음이다."

"내가 가난하게 산다고 생각하지 않는다. 지금 가진 것에 만족할 뿐이다. 내가 검소한 것은 자유로워지고 싶어서다. 사치를 위해 억지로 일하느니, 그 시간에 자유를 즐기고 싶다."

나는 이 내용에 크게 감명했고, 그때부터 미니멀리스트가 되어 최소한의 물건으로 사는 검소하고 소박한 생활을 유지 중이다. 호세 무히카처럼 마음 부자가 되어 자유를 즐기고 싶었기 때문이다.

결과적으로 우리 집 저축률은 놀라울 만큼 증가했다. 사실 돈을 얼마나 모았는지는 중요하지 않다. 지금처럼 내 방식대로 느긋하게 자유를 즐기면서, 있는 것에 감사하며 검소하고 소박하게 살 뿐이다.

Point

- ☑ 수입이 증가하면 지출도 증가한다.
- ☑ 욕망은 끝이 없다.
- ☑ 분수에 맞지 않는 생활은 내 몸을 망친다.
- ☑ 많은 것을 원하면 마음도 지갑도 가난해진다.

 버릴수록 부자 되는 미니멀리즘 재테크

충동구매는
미래를 갉아먹는다

돈을 모으지 못하는 사람은 대개 무계획적이고 충동적인 지출이 많다. 예를 들면 다음과 같다.

- 즉흥적으로 편의점에 들러 먹을 것을 산다.
- 계획에 없는 물건을 산다.
- 갑자기 외식할 때가 있다.
- 예산을 훌쩍 초과하는 쇼핑을 할 때가 있다.

- 할인 상품이 보이면 바로 산다.

- 물건을 잃어버리고 다시 사는 일이 많다.

- 집에 있는 물건을 다 쓰기도 전에 새로 산다.

- 가족들이 원하면 내키지 않아도 돈을 쓴다.

- SNS, 텔레비전, 잡지에서 마음에 드는 상품을 보면 바로 산다.

이렇게 충동적이고 무계획적인 지출이 증가하면, 생활비는 불어나고 자산은 줄어든다. 원인은 명확하다. 재정 관리를 안 하고 충동적, 무계획적으로 돈을 쓰기 때문이다. 그리고 이런 현실을 외면하기 위해 가계부를 쓰지 않는다.

나도 생활비가 빠듯했던 시절에는 계획에 없는 지출이 많았고 재정 관리도 주먹구구식이었다. 저축할 돈이 없는 것은 당연하다.

저축을 많이 하려면 매일 가계부를 쓰고, 무계획적이고 예산을 초과하는 쇼핑은 자제해야 한다.

숫자는 거짓말을 하지 않는다. 숫자는 진실을 알려 준다. 그래서 나는 매일 가계부를 쓴다. 돈에 이상한 움직임은 없는지, 예산 내에서 생활하고 있는지 확인하기 위해서다.

 버릴수록 부자 되는 미니멀리즘 재테크

그렇게 매일 숫자를 확인함으로써 탄탄한 재정이 만들어진다.

게다가 미니멀리스트로 생활하면서, 무계획적인 지출은 더욱 줄어들었다. 생활에 필요한 물건은 이미 갖춘 상태여서 물욕이 자극되는 일도 없고, 소모품과 육아용품도 평소 필요한 양을 파악하고 있어 미리 쟁일 필요가 없다.

그리고 외출 시에도 필요한 물건만 소지하니 잃어버릴 일이 없다. 뿐만 아니라 짐이 많은 데서 오는 피로와 스트레스에서 해방되어 외출 중에 불필요한 쇼핑을 하지 않게 된다.

가족과의 추억을 위한 지출은 가족과 상의하여 계획적으로 소비한다. 예산을 꼼꼼히 짜기 때문에 월말에 신용 카드 청구액을 보고 놀랄 일은 없다.

너무 숨 막히게 느껴질 수도 있는데, 나는 소중한 재산과 가족을 지키고, 경제적 불안에서 해방되기 위해 이 같은 방식으로 재정을 관리한다.

☑ 자기도 모르게 돈이 줄어든다는 사람은 충동적이고 무계획적인 지출이 많다.

☑ 숫자는 거짓말을 하지 않는다. 현실을 외면하지 말고 가계부를 쓰자.

☑ 경제적 불안에서 해방되려면 재정, 재산 관리가 필수다.

☑ '필요한 양'을 알면 과소비할 일이 없어진다.

돈이 새는 집은
'낭비'가 '낭비'인 줄 모른다

많은 사람이 여전히 '안 사도 될 물건'을 산다. 하지만 본인은 모른다. 그것이 '낭비'인지조차 인식하지 못하는 것이다.

'안 사도 되는 물건', '없어도 되는 물건'을 사는 것은 불필요한 지출이자, 귀중한 재산을 낭비하는 일이다. 돈이 새는 집은 이처럼 쓸모없는 물건, 필요 이상으로 많은 물건을 사는 특징이 있다.

집에 쟁이는 물건이 많으면 수납장이나 창고에 방치하

다 어느새 잊어버린다. 낭비를 인지하고 계획적으로 소비해야 하는데, 오히려 같은 실수를 반복해서 어느새 집은 창고가 된다.

그리고 더욱 안타까운 것은, 그런 환경에 무감각해져 '필요 없는 물건에 많은 돈을 쓴다'라는 문제점을 인식하지 못한 채, 재정 개선을 미룬다는 점이다.

집 정리는 '재정 낭비'를 인식할 수 있는 가장 빠른 방법이다. 다음 항목을 참고하여 여러분의 집을 점검해 보자.

- 우산이 많다.
- 구매 후 자주 입지 않는 옷이 많다.
- 식기와 식사를 위한 도구가 많다.
- 유통 기한이 지난 식자재나 조미료가 있다.
- 문구류가 많다(펜, 접착 메모지, 메모장, 가위 등).
- 똑같은 위생용품이 여러 개다(손톱깎이, 면봉, 비누 등).
- 여분의 소모품을 대량으로 쟁여 둔다.
- 쌓아 두고 읽지 않는 책이 많다.
- 1년 이상 쓰지 않는 화장품이 많다.

 버릴수록 부자 되는 미니멀리즘 재테크

- 편리하다는 도구, 가전제품, 전자기기를 샀지만 전혀 쓰지 않는다.
- 여행지에서 산 쓸모없는 기념품이 많다.

해당하는 항목이 있다면 그 물건은 '필요 없는 물건'일 것이다. 이것이 왜 '낭비'일까. 집을 정리해 보면 알 수 있다.

나는 그동안 정리 못하는 집을 대상으로 수백 건에 달하는 정리 컨설팅을 지원해 왔다. 사람들이 주로 버리는 것은 '거의 쓰지 않는 물건', '하나면 충분한 물건', '없어도 상관없는 물건'이었다. 물건의 7~9할이 '필요 없는 물건'이었던 것이다. 그 물건들을 안 샀다면, 그만큼의 돈을 모았을 텐데 얼마나 아까운 일인가.

나도 지난 10년간의 미니멀리스트 생활을 통해, 수천 개의 '필요 없는 물건'을 버리며 잘못된 소비 습관을 반성했다. 그제야 비로소 '○○는 사지 않는다', '더 많은 ○○는 쟁이지 않는다'라는 생각이 머릿속에 자리 잡게 되었다.

집 정리를 통해 불필요한 소비를 반성함으로써 집안 재정이 얼마나 낭비되고 있는지 깨달은 것이다.

말하자면, 정리는 '낭비를 발견하는 특훈'이다. 정리를 통해 '필요한 것'과, '필요 없는 것'을 수없이 판단함으로써 우리 집 재정에 '필요한 것'과 '필요 없는 것'을 판단하는 힘도 기를 수 있다.

구체적인 정리 방법은 제3장에서 설명하겠지만, 정리하지 않으면 필요 없는 물건이 무엇이고, 어디서 돈이 새는지 알 수 없다. 절약으로 자산을 불리고 싶다면 먼저 어디서 낭비가 생기는지 알아야 한다. 그것을 깨닫는 방법 중 하나가 바로 정리다.

Point

☑ 대다수가 '불필요한 물건', '불필요한 지출'을 인식하지 못한다.

☑ 필요 이상의 물건을 쟁이는 것은 돈이 샌다는 증거다.

☑ 물건이 많으면 재정 상태의 문제점을 인식하기 어렵다.

☑ 불필요한 소비는 집을 정리함으로써 되돌아볼 수 있다.

☑ 정리를 통해 재정 개선에 필요한 판단력도 기를 수 있다.

 버릴수록 부자 되는 미니멀리즘 재테크

5

소비하느라
'투자'를 잊는다

자산을 불리려면 부를 창출하는 것에 투자해야 한다. 부를 창출한다고 하면 주식, 채권, 부동산, 금 등이 연상되겠지만, 그 안에는 '여러분 자신'도 포함된다.

여러분이 건강해야 열심히 일할 수 있고 돈을 벌 수 있다. 또 일에 필요한 지식과 경험, 기술을 익혀야 돈 버는 능력을 더 크게 키울 수 있다. 즉, 여러분 자신도 부의 창출에 중요한 자산임을 먼저 깨달아야 한다는 것이다.

특히 '빈부 격차'는 자신에 대한 투자 정도에 따라 차이가 크게 벌어진다. 잠시 나의 과거로 돌아가 보자.

예전의 나는 부를 창출하기는커녕 오히려 '부를 갉아먹는 것'에만 돈을 썼다. 구체적으로는 주거비, 통신비, 공과금, 외식비, 취미-오락비, 의류비, 생필품비 등이다. 소위 '소비'나 '낭비'라 할 수 있는 일에 돈을 썼기 때문에 자연히 부와 멀어졌다. 여러분도 알겠지만, '투자' 없이는 자산이 늘지 않는다.

다시 정신을 차리고 순조롭게 자산을 늘릴 수 있었던 것은 크게 다음 3가지에 돈을 투자하면서부터다.

① 건강에 대한 투자

② 자기 투자

③ 인덱스(지수) 투자

🗨 인덱스 투자란 특정 시장의 평균 수익률, 즉 지수를 추종하는 투자 방식으로 인덱스 펀드 투자와 ETF(상장 지수 펀드) 투자 방식이 있습니다. 인덱스 펀드는 운용 보수나 거래 수수료 등의 비용이 낮고, 위험이 분산되어 투자 안정성이 높아요. 개별 종목의 등락에 신경 쓰지 않고 심리적으로 편안하게 장기적 성과를 노리는 투자자에게 적합합니다. 거래는 하루에 한 번 가

능하며 정규장 마감 후 산출되는 기준가로 가격이 결정됩니다. 반면 대개의 한국 투자는 인덱스 펀드보다 ETF 투자가 더 대중적인데요. ETF는 인덱스 펀드와 본질은 같지만, 주식처럼 거래소에 상장되어 있어 시장 운영 시간 동안 여러 번 거래가 가능하며 주문 시점의 시장가로 가격이 결정된다는 차이가 있습니다. – 옮긴이 주

① 건강에 대한 투자

나는 난치병을 앓고 있다. 알다시피 건강이 뒷받침되지 않으면 일을 할 수 없고 당연히 돈도 벌지 못한다. 예전에 이 병이 재발하는 바람에 수입도 없고 모아 둔 돈도 바닥난 시기가 있었다.

그래서 '건강'은 무엇보다 내가 중요하게 생각하는 재산이다. 건강하지 않으면 부를 창출할 수 없다.

나는 건강을 지키기 위해 식생활을 바꾸고, 충분히 자고, 매일 1시간 이상 꼬박꼬박 산책했다. 또한 마음 건강도 중요해서 기분 전환을 위해 가끔 돈을 썼다. 집안일 스트레스를 줄이기 위해 건조기 기능이 포함된 세탁기와 자동 조리 가전을 구입하기도 했다.

그 결과 컨디션이 예전처럼 나빠지는 일은 없었고, 업무적으로도 뛰어난 성과를 올릴 수 있었다. 건강을 꾸준히 유

지하는 것은 부의 창출에서 매우 중요한 부분이다.

② 자기 투자

내가 자기 투자에서 특히 중요하게 생각한 것은 실천적 지식과 정보를 얻는 일이었다. 목적도 없이 무턱대고 독서나 세미나, 연수, 교류회에 참가했다가는 도리어 '투자 가난뱅이'가 될 수도 있다. 이러한 모임에서 배운 것을 실생활에서 활용하지 못한다면 아무 의미가 없다.

나는 자기 투자에 돈을 쓸 때, '현재의 고민과 과제'를 명확히 하고 그것을 해결하는 데 도움이 되는 정보와 기술만 배운다. 그래서 바로 실전에 적용하여 수입과 자산을 크게 불릴 수 있었다.

내가 가장 먼저 시작한 일은 '정리'와 '절약'에 대한 책을 섭렵하는 것이었다. 나의 문제는 '집이 지저분하고 쓸데없는 소비가 많은 것', '모아 둔 돈이 없는 것'이었기 때문에 이 문제를 해결하기 위해 닥치는 대로 책을 읽었고 거기서 배운 내용을 무작정 실천했다.

또한 부업으로 유튜브 제작이나 인덱스 투자에 관심이

생겼을 때도 관련 서적들을 읽으며 내용을 실행했다. 물론, 콘텐츠 제작자와 인덱스 투자자를 직접 만나 실제 경험담을 듣는 것도 큰 공부가 되었다.

이렇게 '내 문제와 과제'를 해결하는 데 투자한 결과, 저축률과 수입이 늘었고 자산 또한 불어나게 되었다.

③ 인덱스(지수) 투자

혼자 힘으로는 자산을 불리는 데 한계가 있다. 이때 유용한 것이 인덱스 투자이다. 제6장에서 자세히 설명하겠지만, 이 방법으로 돈을 굴리면 자산을 더 크게 불릴 수 있다.

우리 부부는 iDeCo와 NISA 제도를 활용, iDeCo는 '라쿠텐 전 세계 주식 인덱스 펀드'에, NISA는 'eMAXIS Slim 전 세계 주식(올 컨트리)'에 장기 투자 중이다.

iDeCo는 일본에서 시행 중인 개인형 퇴직 연금 제도이고, NISA는 소액 투자 비과세 제도입니다. 각각 한국의 IRP(개인형 퇴직 연금), ISA(개인 종합 자산 관리 계좌)와 유사해요. '라쿠텐 전 세계 주식 인덱스 펀드'는 'FTSE 글로벌 올캡 인덱스' 지수를 추종하는 펀드로서 전 세계 약 8,800개 이상의 기업에 분산 투자하는 효과를 얻을 수 있습니다. 이와 함께 일본 개인 투자 시장의 양대 산맥으로 꼽히는 것이 'eMAXIS Slim 전 세계 주식(올 컨트리)'입니다. '올컨'이라는 애칭으로도 불리는 이 펀드는 현재 일본에서 가장 많은 자금 유입액을 기록하고 있는 대표적인 글로벌 인덱스 펀드입니다. 이와 유사하게 한국에도 전 세계 기업에 분산 투자하는 상품이 있는데요. ETF 상품으로 'KODEX MSCI World ETF', 'TIGER 토탈월드스탁액티브 ETF' 등이 있습니다. – 옮긴이 주

생활 여유 자금과 조만간 사용할 현금만 남기고 여유 자금은 모두 인덱스 투자에 투입한다. 돈이 일하게 하는 것이다.

물론 폭락의 위험도 있지만 '장기, 분산, 적립'으로 위험을 덜 수 있다. 또한 평균 수익률이 보통 3~7%이기 때문에 우리 부부가 65세를 맞이한 시점에서는 자산이 훨씬 증가해 있을 것으로 예상한다.

예를 들어, 매달 30만 원을 30년 동안 적립 투자하면, 자산 운용액이 약 2억 5,000만 원이 되고(표 1-1), 50만 원을 투자하면 약 4억 1,600만 원이 된다(표 1-2).

게다가 부부가 함께 매달 100만 원씩 30년간 적립하면, 투자 운용액은 무려 약 8억 3,000만 원이 된다(표 1-3).

여러분이 쓸데없이 생활 수준을 높이지만 않는다면 이것으로 노후 대비는 충분하지 않을까?

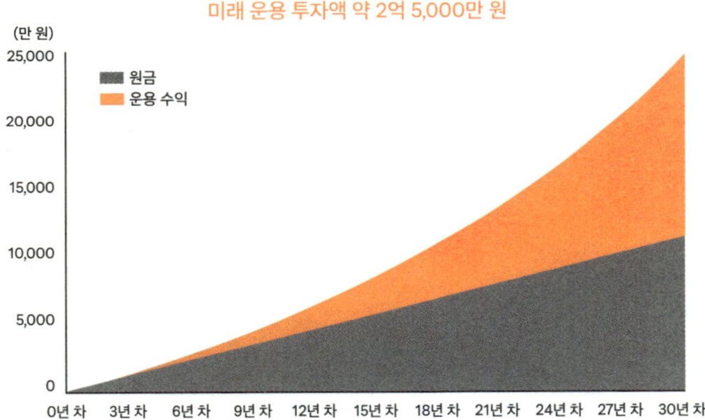

표 1-1
30년간 매달 30만 원을 적립 투자한 경우(연이율 5%)
미래 운용 투자액 약 2억 5,000만 원
(만 원)
25,000
20,000
15,000
10,000
5,000
0
원금
운용 수익
0년 차
3년 차
6년 차
9년 차
12년 차
15년 차
18년 차
21년 차
24년 차
27년 차
30년 차

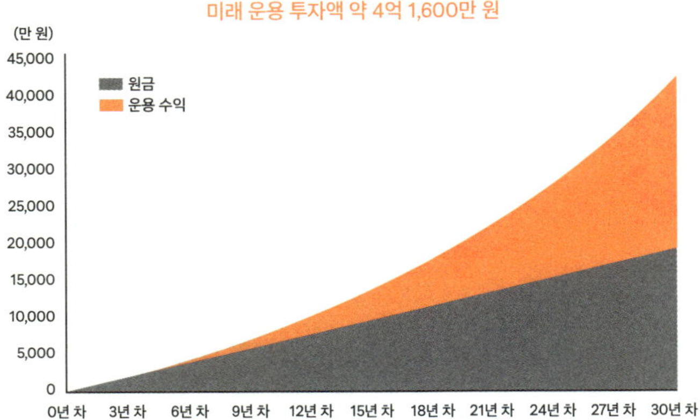

표 1-2
30년간 매달 50만 원을 적립 투자한 경우(연이율 5%)
미래 운용 투자액 약 4억 1,600만 원
(만 원)
45,000
40,000
35,000
30,000
25,000
20,000
15,000
10,000
5,000
0
원금
운용 수익
0년 차
3년 차
6년 차
9년 차
12년 차
15년 차
18년 차
21년 차
24년 차
27년 차
30년 차

표 1-3 30년간 부부가 매달 100만 원을 적립 투자한 경우(연이율 5%)

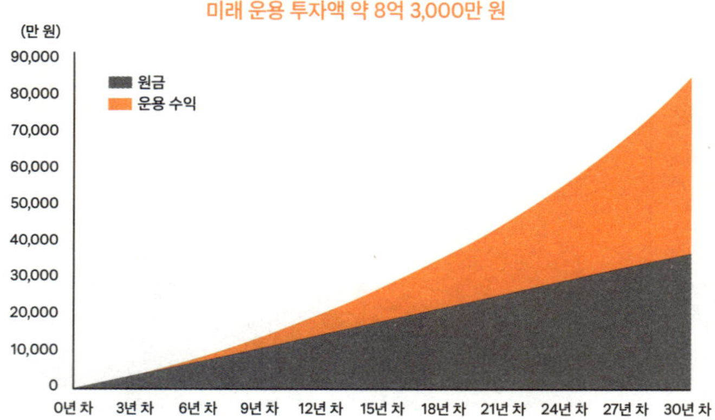

정리하면, 나는 불필요한 물건과 소비를 줄인 후 건강이라는 자산을 지키며 본업에 충실했고, 거기서 번 돈을 자기 투자와 인덱스 투자에 투입했다. 이것이 내가 부의 창출을 위해 구축한 돈의 흐름이다.

미니멀리스트로 살아온 지난 10년간, 많은 돈을 저축하고 자산을 불릴 수 있었던 것은 '정리하는 힘', '절약하는 힘', '돈 버는 힘', '건강을 지키는 힘', '투자로 돈을 굴리는 힘'을 길렀기 때문이다. 여러분은 지금, 어떤 힘이 부족한

  버릴수록 부자 되는 미니멀리즘 재테크

가? 어떤 힘을 길러야 부를 창출할 수 있을까? 우선은 자신의 과제와 문제를 명확히 파악하고, 무엇을 공부해서 실천할 것인지 고민해 보자.

☑ 부를 창출하는 것에 투자해야 한다.

☑ 불필요한 소비, 낭비는 귀중한 자산을 갉아먹는다.

☑ 건강하지 않으면 부를 창출할 수 없다.

☑ 나 자신도 부를 창출하는 귀중한 자산이다.

☑ '장기, 분산, 적립' 투자 방식으로 자산을 불리자.

제2장

돈을 잘 모으는 사람은 불필요한 물건이 없다

1

정리가 돼야
돈이 보인다

왜 돈을 잘 모으는 사람은 집이 깔끔할까? 집을 깨끗이 정리하여 경제적 불안을 다스리면 자연스럽게 돈이 불어나기 때문이다. 그래서 매일 정리 정돈, 청소를 하고 필요 없는 물건은 버리는 노력을 통해 집을 깨끗하게 유지하는 것이다.

사람들은 집안일, 청소, 정리를 귀찮아 한다. 나 역시 마찬가지였다. 그래서 돈을 모을 수 없었다고 생각한다. 물건이 가득해 어수선한 집에서 쓸데없는 일에 돈과 시간을 낭비하는데 어떻게 돈을 모을 수 있겠는가.

많은 사람이 의문을 품는다. 왜 '미니멀리스트'인가. 왜 그렇게까지 물건을 줄여야 하는가. 이해되지 않는 사람도 많을 것이다.

2015년 나는 병을 크게 앓았고, 인생의 밑바닥이라 할 수 있는 극심한 가난에서 가까스로 헤어 나왔다. 물건을 줄이고, 집과 재정 상태를 점검하고, 본업에 힘쓰며 투자를 시작했다. 누구나 할 수 있는 일을 묵묵히 해 나가며 조금씩 자산을 모은 것이다. 특별한 것은 전혀 없다.

아이가 생긴 지금도 간소하게 살며 깔끔한 집을 유지하고 있다. 내가 경제적 어려움을 헤쳐 나가는 방법으로 미니멀리스트가 되는 것을 추천하는 이유를 잠시 짚고 넘어가고자 한다.

① 집안일에 대한 스트레스가 줄어든다

집안일이 귀찮아지는 이유는 물건이 너무 많아서다. 탁자 위에 물건이 많으면 탁자 청소가 귀찮아진다. 옷이 많으

　버릴수록 부자 되는 미니멀리즘 재테크

면 빨래나 옷을 갖춰 입는 일이 스트레스로 다가온다. 요리할 때 사용한 식료품과 조리 도구가 많을수록 식사 후 정리를 미루고 싶어지는 것과 마찬가지다.

그래서 필요한 것만 가지고 살면 집안일이 훨씬 편해지는 것이다. 나는 물건을 줄여 집안일을 줄였고, 마음의 여유와 자유 시간을 얻었다. 그 결과 '재정'과 '생활 습관'을 개선하고 본업에 집중할 수 있었다.

나는 집안일을 결코 좋아하지 않는다. 되도록 안 하고 싶다. 그래서 더욱더 필요 없는 물건을 줄이고 늘 집을 깔끔하게 정리한다. 그러고 나서 내가 정말 하고 싶은 일에 집중한다.

② 매일 기분 좋게 살 수 있다

'기분'은 그날의 '의욕'과 '컨디션'에 큰 영향을 미친다. 기분 좋은 날은 무슨 일이든 긍정적으로 임하게 되지만, 그렇지 않은 날은 손도 까딱하기 싫어진다. 누구나 마찬가지일 것이다.

집에 물건이 많고 어수선하던 시절에는 잠을 아무리 많

이 자도 피곤해서 일찍 일어나기가 힘들었다. 만사가 짜증 나고 귀찮으니 집안일은 손도 안 댔다. 업무 생산성과 의욕이 저하되어 상사와 주변인들에게 지적당하기 일쑤였고, 그러자 컨디션과 기분이 더욱 안 좋아졌다. 결국 눈앞의 쾌락을 좇아 물욕을 채우고 폭음, 폭식을 반복하는 등 스트레스를 푸는 데 돈을 쓰게 되었다. 이제는 그런 삶을 반복하지 않기 위해 매일 매일 정리와 정돈, 청소를 한다.

③ 필요 없는 물건을 사지 않아도 된다

필요 없는 물건을 없애고 집을 정리하면 '정말 필요한 물건'만 보여 재고 관리가 훨씬 수월해진다. 즉, 필요 없는 물건을 사지 않아 낭비가 없어지는 것이다.

나는 '필요한 것'에는 돈을 아끼지 않지만 필요 없는 것에는 돈을 쓰고 싶지 않다. 그래서 집을 정리, 정돈하고 재고를 꼼꼼하게 파악한다.

④ 쓸데없는 일에 신경 쓰며 시간을 빼앗기지 않는다

물건이 많아지면 쓸데없는 일에 신경을 쓰게 된다. 청소,

정리, 빨래, 장보기와 같은 집안일뿐 아니라 '할 일'과 '우선 순위'를 두고 고민하거나, 물건을 찾다가 허비하는 시간이 늘어나는 것이다.

내가 집을 깔끔하게 정리하는 이유는 쓸데없는 일에 신경 쓰며 시간을 빼앗기고 싶지 않아서다. 당장 해야 할 일에 시간을 쓰고 싶다. 영양가 없는 일에 휘둘리고 싶지 않다.

⑤ 문제에 바로 대처할 수 있다

살다 보면 별의별 문제가 다 발생한다. 하지만, 집을 깨끗이 치우고, 돈의 흐름을 간결하게 하고, 불필요한 일을 사전에 차단하여 시간을 확보하면 아주 작은 변화도 금세 눈치챌 수 있다.

게다가 집이 정리되어 있으면 문제 해결에 걸리는 시간과 생각, 금전에도 여유가 생긴다. 문제가 더 커지기 전에 빠르게 대처할 수 있는 것이다.

물건이 많을수록 일거리가 쌓이고 자잘한 문제들이 잇따라 발생한다. 집, 돈, 인간관계, 일에 얽힌 문제가 반복되면 여유가 사라지고 문제가 점점 눈덩이처럼 커진다. 그 문제는 곧 큰 지출로 이어진다.

그러므로 주변을 항상 깔끔하게 정리하는 것이 중요하다. 그러면 문제가 생기더라도 약간의 노력과 돈으로 틀어진 궤도를 바로잡을 수 있다.

⑥ 환경이 인간을 만든다

좋든 싫든 환경이 인간을 만든다. 환경은 인간의 마음에 영향을 미치고, 감정을 움직이고, 행동을 변화시킨다.

즉, 집이 엉망이면 마음도 엉망, 생활 습관도 엉망이 된다. 반대로 집이 잘 정돈되어 있으면 마음도 정돈되고 규칙적으로 건강한 생활 습관을 유지할 수 있다.

옛날에 업무로 생기는 피로와 스트레스로 청소를 미루다 집이 쓰레기통이 된 적이 있었다. 밥은 마트에서 산 반찬과 외식이 전부였고 운동은 전혀 안 했으며 밤 늦게까지 깨어 있어 만성 수면 부족을 겪었다. 그렇게 엉망진창으로 살았더니 컨디션도 툭하면 나빠졌고 업무 성과도 떨어졌다.

그러한 경험 때문에, 나는 매일 집을 깨끗하게 유지하며 건강하고 규칙적인 생활을 하려고 노력한다. 최고의 컨디션과 긍정적 마인드로 뛰어난 업무 성과를 올리고, 가족과 언제까지나 건강하고 즐겁게 지내고 싶어서다.

⑦ 도전 의식이 생긴다

나는 10년 동안 미니멀리스트로 살며 아래와 같은 다양한 일에 도전했다.

- 불필요한 물건을 줄이고 미니멀리스트 되기
- 재정을 개선하고 저축을 더 많이 하기
- 회사를 그만두고 개인 사업을 시작하기
- 부업으로 부수입 얻기
- 유튜브 구독자 10만 명 돌파하기
- 100여 명의 미니멀리스트와 다양한 모임 갖기
- 무소유 상태에서 물건을 조금씩 늘려 가는 '간소하게 사는 삶' 실험하기
- 전국을 돌며 100명 이상의 미니멀리스트 취재하기
- 전국을 돌며 100건 이상 정리 컨설팅 진행하기
- 여유 자금을 인덱스 투자로 운용하기

• 여러 권의 책 출간하기

나는 왜 이렇게까지 도전에 열심이었을까. 그것은 환경이 정리되면서 '정신적 여유', '시간적 여유', '금전적 여유'가 생겼기 때문이다.

조금씩 성과가 쌓이자 점점 자신감이 붙었고, 그것이 행동력과 아이디어, 도전 의욕을 자극했다. 설사 실패를 겪어도 금세 털고 일어섰다. 안 됐으면 안 된 대로, 다시 처음부터 시작할 수 있는 여유가 생긴 것이다.

Point

☑ 집이 정돈되면, 집안일에 대한 스트레스가 줄어든다.

☑ 집이 정돈되면, 기분 좋게 살 수 있다.

☑ 집이 정돈되면, 필요 없는 물건을 사지 않게 된다.

☑ 집이 정돈되면, 쓸데없는 일에 신경 쓰며 시간을 빼앗기지 않게 된다.

☑ 집이 정돈되면, 문제에 바로 대처할 수 있다.

☑ 집이 정돈되면, 생활 습관도 금세 바로잡을 수 있다.

☑ 집이 정돈되면, 도전 의욕이 생기고 행동력이 강해진다.

2

저축 속도를 높이는 '비움'의 힘

나는 집 정리 이후로, 저축 속도가 훨씬 빨라졌다는 것을 실감한다. '집 정리로 그렇게나 큰 변화가 있나?' 하고 반신반의하는 사람들을 위해, 내가 경험한 변화를 하나씩 소개해 보고자 한다.

① 필요 없는 물건을 팔아 현금화할 수 있다

나는 가장 먼저, 필요 없는 물건을 파는 데 열중했다. 형편이 어려워져 물건을 팔아 살림에 보탠 것이다. 여러분의 집에도 분명 '사용하지 않지만 팔 수 있는 물건'이 있을 것이다.

[예]

귀금속, 가구, 가전제품, 컴퓨터, 스마트폰, 명품, 화장품, 양복, 한복, 책, CD, 장난감, 육아용품, 손목시계, 보석, 취미용품, 수집품, 게임기, 예술품, 악기 등.

이런 물건으로 여러분도 임시 수입을 얻을 수 있다. 나는 이러한 물건들을 팔아 미니멀리스트로 사는 10년 동안 수천만 원을 현금화했다.

② 물건이 적어도 살아갈 수 있다는 것을 깨닫는다

정리를 하다 보니, 9할은 필요 없는 물건이었고 필요한 물건은 1할에 불과했다. '이 정도만 있어도 사는 데 지장이 없네' 하고 새삼 깨달았던 기억이 있다.

나에게 무엇이 필요한지 명확해지면, 물건이 적어도 살

수 있다는 것을 알게 되고, 물욕이 사라져 쇼핑할 물건을 신중히 고르게 된다. 1년 후 버려질 만한 물건에는 손이 안 간다. 그것을 정리하는 데 신경 쓰고 싶지 않기 때문이다. 결과적으로 질 좋은 물건만 남게 되고 그런 것은 오래 애용할 수 있다. 필요 없는 물건이 많아질 일도 없다.

③ '필요한 것'과 '갖고 싶은 것'을 구별할 수 있다

나는 정리를 통해 '필요한 물건'만 남겼다. 그래서 나에게 무엇이 필요하고 무엇이 필요 없는지 구별할 수 있게 되었다. '필요한 물건'은 생활에 없어서는 안 되는 물건, 즉 없으면 불편해지는 물건이다. 1인 가구가 살아가는 데 필요한 물건을 예로 들면 다음과 같다.

[예]

가구 2개(의자 1개, 테이블 1개), 가전제품 5개(에어컨, 냉장고, 건조기 기능이 있는 세탁기, 조명, 청소기), 침구 5개(요, 이불, 베개, 담요, 여름용 냉감 패드), 옷 10벌, 옷걸이 10개, 속옷 12벌(여름용 상·하의 2세트, 겨울용 상·하의 2세트, 여름용 양말 2켤레, 겨울용 양말 2켤레), 칫솔 1개, 치약 1개, 스마트폰 1대, 지갑형 스마트폰 케이스 1개, 태블릿 PC 1대, 삼각대 1대, 이어폰 1개, 충전기 2개, 펜 1개, 배낭 1개, 신발 1켤레, 우산 1개, 위생용품 5개(손톱깎이, 귀이개, 샤워젤, 면도기, 손 세정제), 수건 3장, 식기 7개(밥그릇, 큰 접시, 작은 접시, 컵, 젓가락, 숟가락, 포크), 조리 도구 6개(냄비, 프라이팬, 거름망, 칼, 도마, 국자), 청소용품 3개(식기용 세제, 수세미, 락스), 신용 카드 1장, 건강 보험증, 주민 등록증, 운전면허증, 국민연금 수첩, 통장, 인감도장, 집 열쇠 등.

● 일본에서는 국민연금에 가입한 사람에게 연금 수첩이 발급되기도 했으나, 2022년 4월부로 폐지되어 현재는 종이 형태의 기초 연금 번호 통지서가 발급됩니다. – 옮긴이 주

모두 80여 개로 무엇 하나 빼놓을 만한 것이 없다. 여기서 하나라도 없으면 불편해진다. 물론 사람마다 '필요한 것'은 다르겠지만, 이러한 생활필수품은 반드시 정리할 때 남겨야 하며 교체가 필요하면 바로 사야 한다.

반면, '갖고 싶은 것'은 당장 없어도 생활할 수 있는 물건이다. 나는 손목시계와 게임기, 수첩, 지갑 등은 앞으로 살 계획이 없다. 당장 없어도 사는 데 지장이 없다. 그리고 여

분의 신발, 가방, 옷, 식기, 조리 도구도 필요 없다. 더 이상 갖고 싶지 않기 때문이다. 나는 쇼핑을 할 때 '필요한 것'은 사지만 '갖고 싶은 것'은 사지 않는다. 당장 없어도 불편하지 않으며 그저 돈 낭비이기 때문이다.

④ '소중한 것'을 잃고 있었음을 깨닫는다

나는 물건을 버림으로써, 그동안 소중한 것을 잃고 있었음을 깨달았다. 과거에는 물건이 많아질수록 돈을 잃었고, 생활 공간이 좁아졌고, 생활비를 감당하기 위해 과로하는 바람에 건강도, 가족과의 시간도 잃었다. 내가 하고 싶은 일을 참아가며 억지로 일할 수밖에 없었다.

물욕을 자제하지 못하면 '돈', '공간', '건강', '시간', '가족', '하고 싶은 일'을 잃게 된다는 것을 깨달았다. 이것이야말로 진정한 낭비다.

그래서 나는 물건을 필요 이상으로 쟁이지 않는다. 나도 모르는 사이에 많은 것을 잃을 수 있기 때문이다. 나는 정리를 통해 '물건보다 가치 있는 것'을 깨달았다.

⑤ 돈과 일 앞에 진지하게 임한다

‘물건’은 ‘돈’의 다른 형태이다. 나는 정리를 통해 물건을 하나하나를 마주하며 불필요한 소비를 깨닫고 가계부를 다시 꼼꼼히 정비했다. 그 결과, 1인 기준 100만 원으로 생활하며 하고 싶은 일을 자유롭게 선택할 수 있었다.

이후 본업에 더욱 진지하게 임했고, 불필요한 지출이 없도록 신경 써서 돈 관리를 하게 되었다. 생활비가 많이 들면 이직할 때 고려해야 할 요소가 많아 좋아하는 일을 하기가 어렵다.

나는 내 생각과 경험담을 많은 사람에게 전하는 ‘유튜버’라는 일을 선택했으며, 현재 작가로서 다섯 번째 책을 집필 중이다.

물론, 좋아하는 일을 업으로 삼을 수 있는 사람은 흔치 않다. 나의 경우 물건을 줄여 시간 여유가 생기고 생활비도 최소한으로 줄인 결과, ‘부업’으로 시작하긴 했지만 좋아하는 일에 도전할 수 있었다. 좋아하는 일을 업으로 삼았다는 점에서 나는 운이 좋다. 나는 내가 하는 일에 자부심을 느꼈고 하루하루가 만족스러웠다. 그러면서 더욱 돈을 쓰지 않게 되었다.

내가 일을 하는 이유는 사치를 부리기 위해서가 아니라, 일 자체가 즐겁고 보람차기 때문이다. 그러므로 돈을 많이 벌어도 사치 부리는 데 쓸 이유가 없다. 하지만 좋아하는 일을 업으로 삼았다고 해서 수입이 무조건 우상향하는 것은 아니다. 그래서 나는 지금처럼 좋아하는 일로 돈 버는 것 자체를 호사스러운 일이라고 생각한다.

⑥ '뺄셈 사고'로 생각한다

인간은 대부분 어떤 문제가 생겼을 때 물량을 더 늘려서 해결하려 한다. 이것은 '덧셈 사고'의 특징이다. 하지만 나는 미니멀리스트가 된 이후, 무슨 일이든 덜어 냄으로써 해결할 수 있다는 것을 깨달았다. 이것이 '뺄셈 사고'다.

다음과 같은 문제가 생겼을 때, 당신은 어떻게 해결하겠는가?

[예1] 물건이 너무 많아 공간이 부족하다.

덧셈 사고를 하는 사람 → 새로운 수납장을 구매해 물건을 전부 수납한다.

뺄셈 사고를 하는 사람 → 불필요한 물건을 정리하고 남은 것을 수

납한다.

[예2] 생활비 지출이 늘었다.

덧셈 사고를 하는 사람 → 노동 시간을 늘린다. 일을 더욱 많이 한다.

뺄셈 사고를 하는 사람 → 쓸데없는 지출을 없애서 생활비를 줄인다.

양쪽 다 문제는 해결되겠지만, 나는 '뺄셈 사고'를 강력하게 권한다. '뺄셈 사고'는 누구나 할 수 있기 때문이다. '덧셈 사고'는 금세 한계에 부딪힌다.

나는 미니멀리스트가 되기 전, 모든 문제를 '덧셈 사고'로 해결하려 했다. 수납장을 더 구입하고, 일을 더 많이 했다. 그랬더니 일이 점점 눈덩이처럼 불어나 잠시도 쉴 수가 없었다. 돈도 잘 모을 수 없었고 하루가 어떻게 가는지 알 수 없을 정도였다. 여유라고는 찾아볼 수 없는 하루하루가 점점 버거웠다. 그리고 마침내 건강을 잃으며 한계에 부딪히고 말았다.

　　버릴수록 부자 되는 미니멀리즘 재테크

‘뺄셈 사고’였으면 어땠을까? 지금은 문제가 발생했을 때 ‘무엇을 줄일 것인가’를 먼저 생각한다. 불필요한 물건과 쓸데없는 소비, 그 날 해야 할 일과 일정, 인간관계, 정보까지 우선순위가 낮은 것부터 점점 줄여 나가는 것이다. 그러면 ‘수납장 부족’, ‘돈 부족’, ‘시간 부족’, ‘바쁨’, ‘여유 없음’, ‘만성적인 생활고’와 같은 문제들을 해결할 수 있다.

⑦ 인생의 목적이 보인다

나는 미니멀리스트로 살면서 우선순위가 낮은 물건, 지출, 일, 인간관계, 작업, 일정, 정보 등을 상당수 내려놓았다. ‘내려놓았다’라는 것은 자신을 마주하는 일이다. 무엇을 선택하고, 무엇을 버릴 것인가. 선택한 것은 나에게 중요한 것, 내려놓은 것은 가치가 없는 것이다. 즉, 많은 것을 내려놓으면 ‘나에게 중요한 것’이 보인다. 내가 좋아하는 것과 싫어하는 것, 하고 싶은 것과 하기 싫은 것은 물론 어떤 인생을 살고 싶은지, 무엇을 이루고 싶은지까지 자신을 깊이 이해할 수 있다.

사람들은 인생의 목적이 명확해지면 시간과 돈을 쓰는

방법이 180도 바뀐다. 쓸데없는 소비가 사라지고 필요 없는 물건을 사지 않게 되며, 인생의 목적을 이룰 수 있는 일에 몰입할 수 있다. 그래서 인생의 목적이 명확한 사람은 저축 속도도 훨씬 빨라진다.

여러분은 무엇을 이루고 싶은가? 어떻게 살아가고 싶은가? 여러분의 이상을 위해 굳게 마음먹고 정리를 시작해 보자. 중요한 것만 곁에 남겨 두면, 그것이 인생의 나침반이 되어 당신을 이끌어 줄 것이다.

Point

☑ 필요 없는 물건을 팔아 현금화하자.

☑ 물건이 적어도 얼마든지 살아갈 수 있다.

☑ '필요한 것'과, '갖고 싶은 것'은 다르다.

☑ 물건이 많으면 많은 것을 잃는다.

☑ 돈과 일 앞에 진지하게 임한다.

☑ '뺄셈 사고'가 모든 문제를 해결한다.

☑ 불필요한 것을 내려놓으면, 인생의 목적이 명확해진다.

☑ 인생의 목적이 있는 사람은 저축 속도가 훨씬 빨라진다.

3

돈을 잘 모으는 집의
3가지 특징

빈부의 차는 집 상태로 결정된다. 제1장에서도 말했듯이 '집이 엉망이면 재정도 엉망', '재정이 엉망이면 집도 엉망'이 된다. 즉, 같은 연봉을 받아도 돈을 잘 못 모으는 집과 차곡차곡 잘 모으는 집의 차이는 집 상태에서 바로 알 수 있다.

그렇다면 돈을 잘 모으는 집의 특징은 무엇일까?

① 공간의 여백이 쾌적한 집을 만든다

돈을 차곡차곡 잘 모으는 집은 공간에 '여백'이 있다. 바닥과 벽이 물건으로 꽉 차 있지 않으며 수납장에 여유가 있다. 이처럼 공간에 '여백'이 있으면 경제적 '여유'도 생긴다.

재정 상황이 빠듯하다면 집에 물건이 너무 많지 않은지 확인해 보자.

- 바닥에 물건이 어질러져 있는가?
- 벽에 물건이 많이 걸려 있는가?
- 수납장이 꽉 차 있는가?

집에 물건을 많이 쟁일수록 수납장과 재정에 여유가 없어진다. 먼저 공간에 여백을 만드는 것부터 시작해 보자.

② 호텔처럼 편히 쉴 수 있다

집은 편하게 쉴 수 있는 곳이어야 한다. 집에 있기만 해도 스트레스가 쌓이거나 마음이 답답하다면 위험 신호다. 그것이 낭비와 과소비를 부르기 때문이다.

 버릴수록 부자 되는 미니멀리즘 재테크

돈이 잘 모이는 집은 아늑하다. 늘 머물고 싶은 집이 되면 일부러 밖에 나가 스트레스를 풀 필요가 없다. 그런 집은 몸과 마음에 여유가 생기고 기분 전환이 되어 일에 더욱 몰입할 수 있다. 여러분의 집에 스트레스를 쌓이게 하는 물건이 있는가?

- 집안일을 방해하는 물건
- 더러운 물건
- 관리가 어려운 물건
- 몸에 맞지 않는 물건
- 기능성이 떨어지는 물건

이런 물건들이 있으면 집의 분위기가 불편해지고, 기분을 우울하게 만들어 낭비가 늘게 된다. 그래서 돈을 못 모으는 것이다. 우선은 호텔처럼 깔끔하게 필요한 물건만 있고, 편히 쉴 수 있는 집으로 만들어 보자. 중요한 손님을 대접하듯 집을 정돈하면 머무는 사람의 기분도 좋아질 것이다.

③ 돈과 밀접한 물건을 잘 정돈한다

'돈과 밀접한 물건'이 얼마나 잘 정돈되어 있는가도 매우 중요한 요소이다. 예를 들면, 지갑, 영수증, 신용 카드, 은행 관련 물품, 인감도장, 서류, 계약서, 사무용품, 작업복, 명함, 책상, 가계부, 업무 연락처와 메일함 등이다.

나는 오차 없는 돈 관리를 위해 이러한 물건은 더욱 꼼꼼하게 정돈한다. 관리가 허술해지면 낭비를 깨닫지 못해 돈을 엉뚱한 데 쓰기 때문이다. 당신도 혹시 다음과 같지 않은가?

- 지갑 안이 어수선하다.
- 영수증이 가득하다.
- 은행 계좌가 4개 이상이다.
- 은행에 등록한 인감도장이 어디에 있는지 모른다.
- 귀중품이 어디에 있는지 모른다.
- 없어도 될 서류가 잔뜩 있다.
- 사무용품이 어지럽게 뒤섞여 있다.
- 책상이 지저분하다.

- 메일함이 스팸 메시지로 가득하다.

나도 형편이 어렵던 시절에는 이러한 물건들을 잘 정리하지 못했다. 그런데 한 가지 확실한 사실이 있다. 돈 관리를 못하는 사람은 절대 가난한 생활을 벗어날 수 없다는 점이다. 그만큼 돈과 밀접한 것들은 잘 정리하고 소중히 다루어야 한다.

Point

- ☑ 공간의 여백이 쾌적한 집을 만든다.
- ☑ 호텔처럼 편히 쉴 수 있게 집을 정돈한다.
- ☑ 돈과 밀접한 물건을 잘 정돈한다.

통장 잔고가 늘어나는 정리의 기술

∧
1

정리는 가장 먼저 해야 할
투자법

이 책을 손에 든 여러분은 분명, 그동안 수백 권의 책을 읽고 자기 계발과 본업에 힘쓰며 다양한 절약 방법을 통해 열심히 돈을 모아 왔을 것이다. 하지만 지금, 자산이 별로 늘지 않았다면 '정리'부터 다시 시작해 보자. 거듭 말하지만, 정리'부터' 시작해야 한다!

사실 물건이 많은 상태에서는 무엇을 해도 밑 빠진 독에 물 붓기다. 이래서야 시간과 돈의 낭비일 뿐이다. 옛날의 나도 그랬다. 아무리 많은 책을 읽고 공부해도 애초에 할 일이 너무 많아 공부한 것을 실천할 여유가 없었다. 돈이 없으니 실패할까 두려웠다. 도전할 용기도 나지 않았다. 쓸데없는 소비가 많아서 아무리 열심히 일하고 다양한 절약 방법을 시도해 보아도 돈을 모을 수 없었다. 정리는 이러한 문제를 모두 해결해 준다. 먼저 해야 할 것은 '뺄셈(정리)'이다.

나는 물건을 줄인 이후로 월 생활비가 100만 원으로 대폭 감소했다. 그리고 부부가 된 2인 가구일 때도 물건을 적게 가지고 살았기 때문에 월 200만 원(인당 100만 원) 정도의 생활 수준을 유지할 수 있었다(자세한 것은 제4장에서 설명).

생활비가 줄어들고 열심히 일할수록 자산이 큰 폭으로 증가했다. 그러자 실패가 더 이상 두렵지 않았다. 그래서 몇 번이고 새로운 일에 도전할 수 있었다.

또 물건이 적어짐으로써 시간적 여유도 생겼다. 매일 시간을 들여 공부하고, 배운 것은 반드시 실천했다. 그렇게 다양한 일을 시도하고 실패를 반복하며 조금씩 작은 결실을 맺어 온 결과, 지금의 내가 있다.

자신의 분야에서 성공하고 자산도 많이 불리고 싶다면 먼저 '정리'에 시간을 쓰자. 집을 완벽하게 정리한 후, 쓸데없이 돈을 낭비하지 않고 본업에 충실하면서 자기에게 투자하고, 계속해서 실천하고 도전하자. 단순한 방법이지만 여러분의 성장 속도에 불을 붙여 빠르게 자산을 불릴 수 있을 것이다.

Point

☑ 집이 지저분하면 시간과 돈을 계속 낭비하게 된다.

☑ 돈을 불리고 싶으면 정리부터 시작한다.

☑ 집을 정리한 후, 차근차근 결실을 맺어 나간다.

2

돈이 불어나는
정리의 황금 법칙

이번에는 여러분이 반드시 지켜야 할 '정리의 황금 법칙'에 대해 소개하려고 한다. 내가 10년 동안 미니멀리스트로 살며 실천해 온 정리 법칙이다. 이 방법으로 집이 깔끔해질 뿐 아니라 재정 상태도 개선될 것이다. 황금 법칙은 단 3가지만 실천하면 된다.

① 1년 이상 쓰지 않는 물건은 버린다

먼저, 집에 있는 '1년 이상 쓰지 않는 물건'을 버리자. 불필요한 쇼핑을 알 수 있어 재정이 차츰 개선될 것이다. 이것이 미니멀리스트식 초간단 정리법이다.

왜 '1년'이 기준일까. 사계절 동안 한 번도 사용하지 않은 물건은 앞으로도 사용할 일이 없기 때문이다. 1년 동안 한 번도 꺼내지 않은 데는 그럴 만한 이유가 반드시 있다. 이미 똑같은 물건이 있거나 사용법이 불편한 경우, 취향이 아니거나 몸에 맞지 않거나 사용할 타이밍을 놓치는 등의 이유다. 그런 물건은 앞으로도 사용할 일이 없으므로 버리는 것이 현명하다. 생활에 전혀 지장이 없다. 불편하거나 구속받을 일이 전혀 없는 것이다.

살면서 한 번도 쓰지 않을 물건을 집에 쟁이면 돈을 모으려야 모을 수가 없다. 그런 집은 1년 이상 쓰지 않는 물건이 수두룩하다. 어쩌면 5년 이상 된 것도 있을지 모른다. 정말 필요한 물건인지 판단해 보자. 제대로 돈을 모으고 싶다면 1년 이상 사용하지 않는 물건은 '반드시' 처분하자.

② '1분류, 2분류, 3분류'로 나누고 3분류에 해당하는 물건은 버린다

나는 집에 있는 물건을 '1분류-자주 사용하는 것', '2분류-가끔 사용하는 것', '3분류-거의 사용하지 않는 것'으로 나눈다. 진짜 필요한 것과 그렇지 않은 것을 확실하게 알 수 있기 때문이다.

1분류와 2분류는 생활에 필요한 물건이므로 반드시 남겨 두어야 한다. 잘못 버리면 생활이 불편해진다. 반면 3분류의 '거의 사용하지 않는 것'은 없어도 생활에 지장이 없다. 따라서 정리할 때는 3분류를 제일 먼저 처리한다.

③ 마음의 양식이 되는 물건은 버리지 않는다

추억의 물건, 소중한 사람의 편지와 선물 등 '마음의 양식이 되는 물건'은 버리지 않는다. 포인트는 '가슴이 얼마나 두근대는가', '얼마나 큰 감동이 있는가'이다. 이것이 설렘과 마음의 양식이 된다. 머리로 생각하지 말고 부디 마음으로 느껴 보자. 다음과 관련된 것은 남기는 편이 좋다.

- 당신의 인생에서 가장 즐거웠던 경험과 관련된 물건 TOP 10

- 당신의 인생에 긍정적 영향을 미친 물건

- 받고 매우 기뻤던 물건, 눈물이 날 만큼 감동했던 물건

- 꿈을 이룬 기념으로 마련한 물건

- 보고, 만지기만 해도 설레는 물건

정리의 본래 목적은 정신적 여유, 시간적 여유, 금전적 여유를 얻는 데 있다. 이러한 물건까지 버리는 것은 정리의 본질에서 벗어나는 일이므로 주의하자.

Point

☑ '1년 이상 쓰지 않는 물건'은 버린다.

☑ '3분류-거의 쓰지 않는 물건'은 버린다.

☑ '마음의 양식이 되는 물건'은 버리지 않는다.

3

버릴수록
돈이 되는 물건들

나는 10년 동안 미니멀리스트로 살면서 물건을 버리고 또 버린 결과, 많은 돈을 모을 수 있게 되었다. '물건을 버리면 돈이 모인다'라는 절약법은 어쩌면 가장 미니멀리스트다운 '궁극의 재테크 비법'일지도 모른다.

여기서는 내가 체험한 '버리기만 해도 돈이 되는 물건'을 소개한다. 미리 말해 둘 것은, 집에 이런 물건이 있다고 해서 그 사람을 비난하거나, 무조건 버리라고 강요하는 것이 아니라는 점이다. 다만, 내 기준에서는 없어도 생활에 지장 없고, 버리면 절약에 도움이 된 물건이다.

여러분의 집에도 잘 살펴보면, '없어도 되는 물건', '없어도 불편하지 않은 물건'이 꽤 있을 것이다. 소유한다는 장점을 취할 것인지, 버리고 재산을 불릴 것인지 스스로 판단해 보자.

먼저 '물건을 버리면 돈이 불어나는 이유'를 간단히 복습하자. 여기서 기억해야 할 것은 두 가지뿐이다.

[물건을 버리면 돈이 불어나는 이유]

① 불필요한 소비가 줄어들기 때문에 생활비가 절약된다

물건을 버리는 것은 '과거의 잘못된 쇼핑'을 인정하는 행위이기도 하다. 쇼핑으로 낭비한 돈을 '부를 창출하는 것'에 사용했다면, 분명 자산이 불어났을 것이다. 물건을 깔끔하게 정리하고 반성하면 불필요한 생활비에 대한 부담도 분명 줄어들 것이다.

② 시간 도둑을 잡고 절약과 본업으로 돈을 불린다

물건은 우리의 귀중한 시간을 훔쳐 가는 '시간 도둑'이다. 물건이 적으면 집안일을 단 몇 분 만에 끝낼 수 있고 물건을 찾을 일도 없다. 즉, 물건이 줄어든 만큼 시간을 번다. 그 시간을 절약과 수입 실현에 쓴다면 틀림없이 자산 형성에 속도가 붙을 것이다.

다음은 내가 지난 10년 동안 '버려서 돈이 된 물건'이다. 특히 절약 효과가 컸던 물건, 바로 효과를 체감할 수 있는 물건만 추렸다.

● 돈과 밀접한 물건

제2장에서 설명했듯이 돈을 잘 모으는 집이 되려면 돈과 관련된 물건들을 꼼꼼히 정리, 정돈하는 것이 기본이다. 특히 지갑, 신용 카드, 포인트 카드, 은행 계좌, 가계부 등을 정리해서 돈의 흐름을 간결하게 만들어야 한다.

옛날에 내 지갑은 영수증, 신용 카드, 포인트 카드, 쿠폰, 병원 진료 카드 등이 뒤죽박죽 섞여 있었다. 당연하게도 돈의 흐름을 파악하기 어려워 나는 어떤 형태의 가계부도 오

　　버릴수록 부자 되는 미니멀리즘 재테크

래 쓰지 못했다. 수입과 지출을 제대로 알 수 없으니 관리가 주먹구구식일 수밖에 없었다. 모든 문제의 근원은 이처럼 복잡한 돈의 흐름을 파악하지 못하는 데에 있다.

그래서 우선 지갑을 정리했다. 포인트 카드, 쿠폰은 전부 버렸고 신용 카드는 1장만 남기고 모두 해지했다. 현금을 없애면서 지갑도 지갑형 스마트폰 케이스로 대체했고 신용 카드, 주민 등록증, 운전면허증, 건강 보험증만 남겼다. 지갑의 내용물은 그것으로 충분했다.

내가 상점의 포인트 카드나 쿠폰을 사용하지 않는 이유는 불필요한 물건까지 사게 되기 때문이다. 혜택을 받지 못하고 정가에 사더라도 사고 싶은 물건을 필요한 만큼 사는 것이 가장 절약하는 길이다.

은행 계좌도 3개로 추렸다. 첫 번째는 절대 손대지 않는 '비상금 계좌', 두 번째는 입출금이 자유로운 '생활용 계좌', 세 번째는 증권 계좌와 연동된 '투자용 계좌'이다. 모두 스마트폰 앱을 열면 잔액과 돈의 흐름을 파악할 수 있다.

돈의 흐름은 가계부 앱으로 관리한다. 지출은 계산 직후 바로 금액을 입력하여 누락을 방지하고 수입도 돈이 들어

온 당일에 바로 입력한다. 매일 돈이 얼마나 들어오고 나갔는지, 정확히 파악하는 것이 중요하다.

이처럼 평소 사용하는 신용 카드와 생활용 은행 계좌를 각각 하나로 줄여 돈의 흐름을 간결하게 만들면, 사용처가 불분명한 돈이나 불필요한 소비가 사라진다.

● 스마트폰으로 대체할 수 있는 것

요즘은 스마트폰으로 대체할 수 있는 물건이 많다. 가령 다음과 같다.

[예]

유선 전화, 일정표, 메모장, 벽시계, 달력, 부엌 타이머, 자명종, 사전, 카메라, 메모리 카드, 앨범, 계산기, 책, 신문, 통장, 지갑, 포인트 카드, 레시피 노트, 지도, 컴퓨터, 텔레비전, 음악 플레이어, 가계부 등.

나는 스마트폰으로 대체할 수 있는 것은 모두 처분했다. 앞으로도 그러한 물건은 사지 않을 예정이라 평생 꽤 많은 돈이 절약되리라 생각한다. 스마트폰 한 대면 충분하다. 오히려 물건을 줄임으로써 시간적, 금전적 여유가 생긴다.

● 세련된 인테리어 소품

예전에는 집을 세련되게 꾸미고 싶어 조명과 러그, 쿠션, 꽃병, 그림, 거울, 관엽 식물, 직물, 장식품, 아로마 디퓨저, 방향제, 커튼, 바구니 등 다양한 인테리어 소품을 사 모았다. 하지만 안타깝게도 나는 인테리어 감각이 없었다. 소품이 아무리 많아도 멋지게 소화할 능력이 없다는 것을 깨닫고 인테리어 소품은 모두 처분했다. 미니멀리스트가 된 이후에는 일절 사지 않는다. 덧셈 사고에 사로잡혀 꾸미다 보면 한이 없고, 돈도 돈이지만 물건이 많아질수록 주변과 조화가 깨지고 더 복잡해지기 때문이다. 집을 꾸미는 것은 내게 너무 어려운 도전 과제였다.

모처럼 돈을 써서 인테리어를 해도 더 어수선해졌다. 오히려 필요 없는 물건을 처분했더니 집이 금세 깔끔해졌다. 덕분에 공간은 더 아름다워졌다. 호텔 객실이나 미술관과 같은 원리이다. 이거야말로 '뺄셈의 미학' 아닐까.

• 수많은 옷, 신발, 패션 액세서리

옛날에는 옷도 100벌 이상, 신발도 10켤레 이상, 손목
시계, 선글라스, 벨트, 팔찌 등의 패션 액세서리가 셀 수 없
이 많았다. 이것도 인테리어 소품과 마찬가지로 덧셈 사고
에 사로잡히면 한도 끝도 없다. 또 종류가 많아질수록 코
디가 더 어렵고 유지, 관리에도 돈과 시간이 들어 모두 처
분했다.

옷은 모두 스파 브랜드에서 1년에 10벌만 구비하고 신
발도 한 켤레만 신는다. 정장도 회사를 그만두고 개인 사업
을 시작한 타이밍에 한 벌만 남기고 모두 처분했다. 패션
액세서리는 결혼반지 외에 아무것도 착용하지 않는다.

나는 가벼워진 내 복장이 무척 마음에 든다. 몸에 걸치는
것이 적어 아침마다 코디 때문에 고민할 필요가 없고, 쇼핑
에 시간을 낭비하지 않게 되었다. 유지, 관리에 신경 쓰지
않아도 되고 매일 마음에 드는 복장으로 지낼 수 있다. 만
족도는 오히려 높다.

게다가 옷과 신발은 한 번 사면 2~3년은 사용할 수 있어
서 의류비가 아예 안 드는 해도 있다. 다시 산다고 해도 연

간 10만 원 정도라 재정에는 전혀 타격이 없다.

• 수많은 가방과 캐리어

옛날에는 백팩, 직장용 가방, 숄더백, 히프 색, 야구용 세컨드 백, 여행용 캐리어 등 가방도 종류별로 있었다. 가방이 많아지자, 불필요한 물건도 덩달아 많아졌다. 물건이 이 가방 저 가방에 들어 있어, 물건을 챙기는 데에 시간을 허비했고 분실도 잦았다. 그런 일을 대비해 챙기는 여분의 물건이 늘다 보니 짐이 점점 무거워졌다. 외출 중에는 집에 필요한 것은 없는지, 부족한 것은 없는지 괜히 몇 시간씩 헤맸고, 돌아올 때 즈음엔 요리할 기운이 없어 반찬을 사 오거나 외식하는 일이 많았다. 즉 가방에 물건이 많은 사람은 외출 중에도 불필요한 쇼핑을 해서 짐이 많아지고, 피로와 스트레스가 쌓이니 돈을 쓰는 악순환을 겪게 되는 것이다.

그래서 나는 백팩 한 가지만 쓰기로 결심했다. 평소에는 대부분 빈손으로 외출하고 출근 및 여행 시에만 백팩을 사용한다. 짐을 줄이면 가방을 챙기는 것도 간단해지고 이동도 편리해진다. 매번 물건이 어디 있는지 찾거나 분실할 우려도 없다. 자연히 밖에서 계획에 없는 지출을 할 일도 줄어든다.

● 수많은 책과 책장

나는 자기 계발을 위해 매달 책을 구입했다. 책은 계속 쌓였고 마침내 200권이 넘어갔다. 책이 그렇게 많아도 복습하거나 다시 읽는 일은 없었다. 그저 '읽었다는 자기만족'만 남았다. 나는 큰맘 먹고 책을 모두 처분했다. 지금은 읽고 싶은 책이 생기면 대부분 전자책을 구매한다. 종이책을 살 때도 있지만 다 읽고 나면 바로 처분하기 때문에 집에 책이 쌓이지 않는다.

책이 차지하는 공간을 최대한 정리한 결과, 책을 구매할 때 더 신중해졌고 읽을 때엔 책 내용에 더욱 집중할 수 있게 되었다. 그리고 배운 것은 반드시 실천했다. 새로운 책을 계속 사들이면 지식은 늘지 몰라도, 행동으로 옮기지 않으면 결국 아무 의미가 없다. '행동력', '실행력'을 높이려면 불필요한 정보 입력은 없는 편이 차라리 낫다.

나는 책에서 배운 것을 꾸준히 실천한 덕에 정리와 절약, 일, 인덱스 투자에서 지속적인 성과를 올릴 수 있었다고 믿는다.

• 명품

옛날에는 체면을 차리느라 양복, 손목시계, 지갑, 볼펜, 신발, 가방, 가구, 전자 제품 등을 명품으로 사는 데 많은 돈을 썼다. 하나를 사면, 다른 것도 명품으로 맞추고 싶어져서 계속해서 지출이 늘어난다. 명품은 사면 살수록 '더' 갖고 싶어지기 마련이라 끊어 내는 타이밍을 놓치면 영원히 명품의 노예가 된다. 체면치레와 과시욕 때문에 재정이 악화되어 건강을 해칠 수도 있다.

지금은 그 시절을 후회한다. 나는 명품을 전부 팔아 버렸고 지금은 절대 사지 않는다. 갖고 있는 것도 없다. 품질은 좋을지 몰라도, 그만한 값어치가 있다는 생각이 들지 않기 때문이다. 지금은 오히려 저렴한 브랜드를 고집하게 되었다. 생활하는 데 너무 고급일 필요는 없다. 나는 명품으로 치장하고 집을 꾸밀 때보다, 간소하게 살아가며 저축을 많이 하고, 본업에서 성과를 올렸을 때 훨씬 더 자신감을 얻게 되었다.

연봉과 자산이 얼마가 되었든 내 옷은 유니클로다. 신발과 가방도 온라인 쇼핑몰에서 저렴한 상품을 구매해 사용하고 있으며 가구, 전자 제품도 이케아나 무인양품에서 산 것들이다. 명품을 살 돈이 있다면 그것을 경험과 추억에 쓰는 것이 더 낫지 않을까. 물건은 언젠가 쓰레기가 되지만 경험과 추억은 값진 보물이 되기 때문이다.

• 텔레비전과 주변 기기

예전에는 텔레비전 주변에 텔레비전 장식장, 게임기, 게임 소프트웨어, CD, DVD, 블루레이, 스피커, 멀티탭, 케이블 정리함 등이 있었다. 솔직히 적지 않은 돈을 들였기 때문에 고민이 됐지만, 관리하는 데에 쓰는 돈과 시간이 아깝게 느껴져 모두 처분했다. 넷플릭스도 구독 취소를 했고 콘센트 주변을 깔끔하게 정리해 시간을 좀 더 의미 있게 사용하게 되었다.

텔레비전과 주변 기기를 처분하고 유튜브를 부업으로

시작했다. 본업 외 여유 시간을 모두 유튜브에 할애했다. 덕분에 지금은 훌륭한 수입원이 되었다. 이것이 시간을 뺏는 물건을 버린 후 올린 성과 중 하나다.

요즘은 스마트폰으로 SNS를 하며 시간을 보내거나, 드라마나 영화를 보는 사람들이 많다. 편리한 시대지만 나는 시간을 그냥 흘려보내지 않으려 최대한 주의한다. 쓸데없이 시간을 낭비하지 않으면, 1~2시간 더 일을 할 수 있고 그만큼 수입이 많아진다. 부업으로 월 10~20만 원의 부수입을 올릴 수도 있다.

● 대량의 수납 용품들

물건이 가득했던 내 집은 수납장도 덩달아 늘어났다. 수납 박스, 수납 선반, 수납 파우치, 수납 장롱, 행거, 물건을 걸 수 있는 압착 봉과 후크, 수납용 택배 상자와 틴 케이스, 빈 신발 상자까지 셀 수 없이 많은 수납 용품들이 있었다. 물건이 많으니 자연스러운 일이지만, 수납도 공짜는 아니다. 수납장이 많을수록 소중한 재산을 잃는 것과 같다.

나는 미니멀리스트가 되기로 결심한 이후, 수납장도 철

저히 줄였고 지금은 남아 있는 수납장에 들어갈 만큼만 물
건을 소유한다. 앞으로도 수납장을 사는 대신, 필요 없는
물건을 줄이려고 한다. 여유 공간을 만들면 수납장을 살 필
요가 없다.

수납장을 사지 않는 것, 수납 아이템을 더 들이지 않는
것이 최고의 절약이다. 필요 없는 물건을 수납하는 것이야
말로 가장 큰 낭비다.

● 온갖 종류의 청소 도구

수납장과 마찬가지로 물건이 많으면 덩달아 많아지는
것 중의 하나가 '청소 도구'이다. 물건이 많을수록 집안일
이 늘고 청소가 밀리면서 금세 지저분해진다. 다음은 우리
집에 있던 청소 도구들이다.

[과거에 우리 집에 있던 청소 도구]

청소기, 청소포, 롤 클리너, 먼지떨이, 행주, 매직 스펀지, 걸레, 양
동이, 수세미, 변기 솔, 변기 청소제, 변기용 물때 제거제, 주방용
세제, 욕실용 세제, 욕실용 스펀지, 곰팡이 제거제, 물기 제거 스퀴

지, 주방용 락스, 베이킹소다, 구연산, 기름때 제거제, 비누, 과탄산나트륨, 배수관 클리너, 고무장갑, 빗자루, 쓰레받기, 창문용 스퀴지, 로봇 청소기, 알코올 스프레이, 살균 시트 등.

이 정도의 청소 도구가 있다는 것은 그만큼 매달 돈이 나가고 있다는 뜻이다. 이것도 꽤 쓸데없는 지출이다. 물건을 줄여 청소하기 편한 환경을 만들면 이렇게 많은 도구는 필요 없다. 다음은 현재 우리 집에 있는 청소 도구다.

[현재 우리 집에 있는 청소 도구]
청소기, 매직 스펀지, 다목적 세정제, 알코올 소독액, 현관용 빗자루와 쓰레받기.

물건이 적은 지금, 나는 집을 매일 청소한다. 바닥 청소는 약 10분, 화장실과 현관, 주방 청소는 각각 4분이면 끝난다. 다 해도 대략 30분이다. 실제로는 아내와 분담하기 때문에 각자 15~20분이면 끝낼 수 있다.

우리가 매일, 30분 만에 청소를 끝내고 깨끗한 집에서 지낼 수 있는 이유는 전적으로 물건이 적기 때문이다. 시간을 버는 것은 물론이고, 필요한 청소 도구가 줄어 재정 절약에도 도움이 된다.

• 자주 잃어버리는 물건

물건이 많으면 자주 분실하고, 무엇이 어디 있는지 찾는 경우가 많아진다. 나도 우산, 이어폰, 지갑, 충전기와 같은 '휴대 물품'과 손톱깎이, 귀이개 등 '위생용품', 펜, 가위 같은 '문구용품'을 자주 잃어버려 다시 산 적이 많다. 이렇게 '분실 후 재구매로 발생한 지출'이야말로 진정한 낭비다.

자주 잃어버리는 물건은 정리가 필요하다. 양이 많아 수납이 어려우면 관리를 제대로 안 하게 된다. 그래서 나는 용도가 같은 물건을 1개로 제한했다. 이른바 '1종류 1아이템' 기준을 세운 것인데, 그때부터는 물건을 잃어버리거나 찾지 않는다.

지금은 우산, 이어폰, 충전기, 손톱깎이, 귀이개, 가위는 1개씩 있다. 현금은 소지하지 않고 지갑은 스마트폰 케이스로 대신한다. 물건을 줄이면 '필요할 때 없을까 봐' 불안하다고 하는데, 오히려 물건을 줄이면 적당한 긴장감으로 물건을 더 소중히 다루게 되어 분실이 줄어든다.

• 비상용 물품, 여분의 물건

물건이 많은 사람은 '비상용 물건'이 많은 특징이 있다. 여분의 소모품, 예비용 물품, 손님용 아이템, 식기, 조리 도구, 식자재, 조미료, 아기용품 등이다. '필요할 때' 사도 되는데, '언젠가' 필요할지 몰라 미리 사 둔다. 괜한 걱정으로 지출이 늘어나는 것이다. 집에 물건이 늘어나면 자연히 자산은 줄어든다. 그리고 안타까운 것은 그러한 '비상용 물건' 중 사용 기한 내에 쓰이는 것은 거의 없다는 사실이다. 옛날의 나도 그런 식으로 낭비하는 물건이 많았다.

현재는 여분의 물건을 1개로 제한하고 있으며, 비상용 물품은 일절 구매하지 않는다. 필요한 물건을, 필요한 시점에, 필요한 만큼만 사는 것이 원칙이다. 비상용이나 여유분은 필요 없다. 이것이 돈을 절약하고 집에 필요 없는 물건을 줄이는 가장 좋은 쇼핑 방법이다.

• 온갖 운동용품과 건강보조식품

우리 집에는 운동용품과 건강보조식품도 종류별로 있었다. 하지만 처음 몇 달만 반짝 사용할 뿐, 신상품이 나오면 또 사들이기 바빴다. 이것이 반복되자, 불필요한 소비가 심각하게 늘어났다. 단백질 제품과 건강보조식품은 하루도 안 빼고 먹었지만, 효과도 미미하고 너무 비싸서 과감하게 처분했다.

나의 목적은 어디까지나 '건강'이다. 프로 운동선수가 되거나, 보디빌딩 대회에 나가려는 것이 아니다. 그저 건강만 유지하면 되기 때문에 격렬한 운동, 건강보조식품, 화려한 운동용품은 필요 없다. 나는 보기에 멋진 몸을 갖기보다는 평범한 체형으로 건강하게 지내고 싶어 피트니스 클럽을 해약한 후 운동용품들도 모두 처분했다.

[처분한 물건]

덤벨, 복근 롤러, 푸시업 바, 리프팅 벨트, 파워 그립, 요가 매트, 운동복, 운동용 신발, 단백질 제품, 셰이커, 건강보조식품, 고무 튜브, 밸런스 볼 등.

그 대신 매일 체중을 재고, 식단을 개선했다. 또 아침저녁으로 한 시간씩 산책하고, 취침 전 스트레칭을 거르지 않았다. 적당한 운동과 건강한 식사, 그리고 충분한 수면이 가능하다면 그것으로 나는 충분하다.

• 비싼 사무용품

옛날에는 일에 관해서는 아낌없이 투자해야 한다고 생각했다. 그래서 정장은 맞춤으로 제작해서 입었고, 수십만 원짜리 손목시계와 고급스러운 업무용 가방과 신발, 넥타이로 치장했다. 유튜브가 본궤도에 오르기 시작했을 때도 조금 무리해서 약 300만 원짜리 맥북 프로와 100만 원짜리 촬영용 비디오 카메라, 스탠딩 데스크, 모션 데스크를 샀다. 나는 어리석게도 '사무용품에 돈을 투자하면 그만큼 수입도 많아질 것'이라고 착각했다.

물론 직종에 따라서는 사무용품에 돈을 들이는 것이 효과적인 경우가 있다. 하지만 나는 아니었다. '비싼 값의 사무용품에 투자하면 수입이 늘어나는지' 따져 보지 않은 채 무턱대고 샀기 때문이다.

결국 지금은 맞춤 정장 대신 유니클로를 입고 손목시계도 차지 않는다. 그리고 비싼 업무용 가방도 온라인 쇼핑몰에서 산 6만 원짜리 백팩과 3만 원짜리 가방으로 바꿨다. 역시, 일하는 데 아무 문제가 없다. 그리고 촬영과 편집은 스마트폰 한 대로, 책 집필은 태블릿 PC(매직 키보드 부착)로 한다. 스탠딩 데스크와 모션 데스크는 모두 처분했고, 업무는 집 거실 테이블에서 처리한다.

즉, 나는 사무용품에 수백만 원씩 투자할 필요가 없었던 것이다. 사람들은 "사무용품에는 아끼지 말아야 한다"라고 말한다. 하지만, 과연 그렇게 해야만 돈을 벌 수 있을까? 몇 백만 원씩 돈을 투자해야만 수입이 오르는 걸까? 나는 잘 모르겠다. 사무용품도 쓸데없이 많을 필요 없다. 부가 기능도 마찬가지다. 정말 필요한 기능만 있으면 된다.

● 비싼 차

나는 수도권으로 이사하면서 차를 처분했다. 절약 효과는 매우 컸다. 기름값은 물론, 주차비와 보험료, 자동차세, 자동차 검사비, 수리비, 세차비, 타이어 교체 비용, 범칙금

등에 나가는 돈이 모두 사라진 것이다. 그렇게 해서 월평균 20만 원 이상을 절약했다.

물론 지방에 산다면 차가 필요하겠지만, 비싼 차는 사치품이라는 것을 자각해야 한다. 차가 있으면 유지비가 꽤 많이 든다. 나는 신차급 중고 경차를 대출 없이 일시불로 구매했다. 그렇게 해서 구매 비용과 기름값, 보험료, 자동차 검사비, 타이어값 등을 절약했다. 차는 어디까지나 이동 수단이다. 사치품이 아니라, '이동 수단'의 기능만 있으면 충분하다고 생각한다.

• 비싼 집

앞에서 말했듯이, 물건을 많이 쟁이거나 수입이 늘었다고 사치를 부리면 주거비가 한없이 치솟는다. 또 그 생활을 유지하기 위해 더 많은 일을 하게 된다.

월급 200만 원을 받는 사람이 월세 50만 원짜리 집에 살면, 월급의 1/4을 집세에 쓰게 된다. 월급 300만 원을 받는 사람이 월세 100만 원짜리 집에 살면, 힘들게 번 월급의 1/3이 집세로 사라진다. 그래서 나는 넓은 집이 필요 없도록 물건을 처분했고, 수입에 상관없이 생활 수준을 유지하면서 계속 집세가 저렴한 곳에 살았다. 지금도 마찬가지다. 더구나 요즘은 원격으로 할 수 있는 일이 많아 집세가 비싼 도심지에 살 이유가 더더욱 없다.

나는 적당히 일하면서 자유롭고 느긋하게 살고 싶다. 운이 좋아 수입이 많아지면 모두 저축 계좌에 넣어 놓는다. 무리해서 일하고 싶지 않아서 비싼 집에 살지 않기로 한 것이다.

• 체면과 자존심

마지막으로, 눈에 보이는 물건은 아니지만 버려야 할 것이 있다. 마음속 깊은 곳의 '체면과 자존심'이다. 나는 이 두 가지를 버려 정말 다행이라고 생각한다.

여러분은 지금까지 설명한 '버리면 돈이 되는 물건'을 보고 무슨 생각이 들었는가? 아마도 '그렇게는 못해!', '다 버릴 순 없어!'라고 생각했을 것이다. 나도 처음에는 그랬다. 내 안의 체면과 자존심이 그것들을 포기할 수 없게 만들었다. 사실은 그런 물건 없어도 된다. 생활비도 아끼고 싶다.

하지만 한편으로는 자존심을 지키며 나를 과시하고 싶은 마음도 있다.

나도 만약 ○○을 버리면, '별 볼 일 없는 녀석'으로 비치지 않을까 고민했다. '일 못하는 녀석'이라 생각하는 건 아닐까. 주위 사람들에게 무시당하는 건 아닐까. 바보 취급당하지는 않을까. 마음속에 이러한 갈등이 꼬리에 꼬리를 물었다. 당신도 사실은 그런 게 아닐까?

내가 체면과 자존심을 버릴 수 있었던 것은 나만 행복하면 된다고 생각했기 때문이다. '별 볼 일 없는 녀석'이라며 나를 무시해도 상관없다. 상대하지 않으면 그만이고, 내가 먼저 멀어지면 된다. 그런 것에 연연하기보다는 자유로운 인생을 즐기고 싶었다. '있는 그대로의 나'를 진심으로 아끼는 사람만 잘 지키면, 허세를 부릴 필요도, 물건 따위로 나의 하찮은 자존심을 세울 필요도 없다.

Point

☑ 불필요한 소비가 확연히 줄어들면 생활비가 절약된다.

☑ 시간 도둑을 잡고 절약과 본업으로 돈을 불린다.

$$\Large 4$$

소비를 줄이는
구역별 정리법

여러분은 집이 깨끗하다고 자신 있게 말할 수 있는가? 지금 당장 사람을 초대해도 부끄럽지 않은 상태인가? 참고로 우리 집은 언제나 잘 정리되어 있다. 어수선하다는 말을 들은 적이 단 한 번도 없다. 이렇게 말하면, 내가 결벽증이라 수시로 치우는 사람처럼 보이겠지만 전혀 그렇지 않다. 나는 청소와 정리 정돈을 싫어한다. 정말 귀찮다. 가능하면 하고 싶지 않다.

　　버릴수록 부자 되는 미니멀리즘 재테크

그래서 불필요한 물건을 줄였다. 집을 '어지럽게 하는 물건'과 '없어도 살 수 있는 물건'을 버리면 청소와 정리 정돈이 수월해지기 때문이다.

자신 있게 '집이 잘 정리되어 있다'라고 말할 수 없다면 지금 바로 개선하자. 집에 물건이 많고, 어질러져 있는 게 많으면 살림도, 돈의 쓰임새도 어수선해진다. 게다가 기분을 망쳐 스트레스가 쌓인다.

지저분한 집에는 어떤 특징이 있는지 알아보고, 참고로 미니멀리스트 생활 중인 우리 집의 생활 방식을 소개한다. 그 전에, 사람마다 사는 지역과 하는 일, 취미에 따라 '필요한 물건', '필요 없는 물건'이 다르다는 점을 밝혀 둔다. 우리 집을 그대로 따라 할 필요는 없다. 다만 이 내용을 참고하여 '당신에게 필요한 물건'과 '필요한 양'을 생각해 보자. 틀림없이 당신의 집은 1년 안에 깨끗해질 것이다!

아침에 일어나 집을 정리하면 기분 좋은 아침을 맞이할 수 있다. 매일 집으로 돌아왔을 때, 호텔처럼 집이 정리되어 있으면 얼마나 쾌적하겠는가. 그런 집을 만들겠다는 목표로 구역을 나누어 정리해 보자!

① 신발이 잔뜩 어질러져 있다

→ 우리 집 대책

☐ 1년 이상 신지 않는 신발은 버린다.

☐ 맞지 않는 신발은 바로 버린다.

☐ 신발은 때와 장소에 맞춰 한 켤레씩만 보유한다.

☐ 현관의 신발은 인당 한 켤레만 두고 나머지 신발은 신발장에 넣는다.

☐ 나는 한 켤레, 아내는 세 켤레로 생활한다.

② 우산꽂이에 우산이 많다

→ 우리 집 대책

☐ 가족 한 사람당 1개만 사용한다.

☐ 나는 접이식 우산 하나를 늘 백팩에 갖고 다닌다.

③ 우편물, 택배 상자, 비닐봉지가 방치되어 있다

→ 우리 집 대책

☐ 받은 우편물은 바로 개봉하고 쓰레기도 바로 처리한다.

☐ 택배 상자는 개봉 즉시 잘라서 접고 재활용 쓰레기로 배출한다.

☐ 에코백은 하나만 사용, 작게 접어 수납한다.

☐ 비닐봉지는 최대 10장만 주방에 수납한다.

☐ 종이 가방은 사용할 일이 없으므로 모두 버린다.

④ 불필요한 오브제, 장식품, 소품이 있다

→ 우리 집 대책

☐ 현관에는 필요한 물건만 놓는다(신발, 우산, 열쇠, 청소 도구).

☐ 현관에 불필요한 오브제, 장식품, 소품을 놓지 않는다.

☐ 현관 매트와 슬리퍼는 모두 처분한다.

☐ 모자, 외투, 가방은 옷장에 둔다.

☐ 신발 관리 용품은 사지 않는다(있어도 안 씀).

[세면대]

① 물건이 많다

→ 우리 집 대책

☐ 최근 한 달 동안 사용하지 않은 물건은 처분한다.

☐ 다 쓴 소모품(쓰레기)은 바로 버린다.

□ 오래된 위생용품, 관리 용품은 버린다.

□ 세면대에는 손 세정제만 꺼내 놓는다.

② 세면대 수납장이 엉망진창이다

□ 최근 한 달 동안 사용하지 않은 물건은 버린다.

□ 치약과 드라이기는 1개로 온 가족이 사용한다.

□ 여분의 생활용품은 1개로 제한한다.

□ 청소 도구는 다목적 세정제와 매직 스펀지만 사용한다.

□ 위생용품, 화장품류, 생활용품은 정해진 수납장과 세면대에 다 수납될

정도만 보유한다.

③ 수건을 많이 쓴다

□ 목욕용 큰 수건은 불필요하다.

□ 3인 가구 기준 세면 수건 10장이면 충분하다.

□ 수건은 무늬 없이 같은 색으로 통일한다.

[옷장]

① 옷과 수납된 물건이 많다

→ 우리 집 대책

□ 1년 이상 안 입는 옷은 처분한다.

□ 나는 연간 10벌, 아내는 30벌로 생활한다.

□ 옷은 모두 행거에 걸어 수납한다(별도의 옷장은 없음).

□ 속옷과 내의도 최소한의 양만 보유한다(나는 여름, 겨울 2세트씩).

□ 아이 옷은 계절별로 4~5벌을 준비한다.

□ 계속 자라는 아이 옷은 계절이 지나면 처분한다.

② 가방류가 많다

→ 우리 집 대책

□ 가방은 상황에 맞게 하나씩만 보유한다.

□ 나는 백팩 1개, 아내는 백팩과 파우치만 쓴다.

□ 온 가족이 외출할 때는 아내의 가방 1개만 챙긴다.

□ 가방에는 밖에서 사용할 물건만 넣는다.

□ 아내의 화장 도구는 파우치 하나에 정리해 보관한다.

③ 창고처럼 되어 있다

→ 우리 집 대책

☐ 빈 상자를 치운다. 개봉 후에는 바로 처리한다.

☐ 1년 이상 쓰지 않는 물건은 버린다(쌓아 두지 않는다).

☐ 서류는 임대 계약서와 종합 소득세 신고 서류만 보관한다(수납칸 1개분).

☐ 귀중품은 정리해서 보관한다(작은 파우치 하나에 들어갈 정도만 엄선).

☐ 취미 용품 같은 개인 물품은 개수 상한선을 정해서 보유한다.

[거실]

① 바닥에 물건이 어질러져 있다

→ 우리 집 대책

☐ 바닥에 물건을 놓지 않으며 가구는 꼭 필요한 것만 둔다.

☐ 러그나 카펫은 청소가 번거로우므로 처분한다.

☐ 하루에 2~3번 아이가 어지른 물건을 치운다.

☐ 아이의 기저귀와 장난감은 아기 침대 밑에 수납한다.

☐ 아기용품은 아이가 성장하면 교체한다.

② 콘센트 주변이 어수선하다

→ 우리 집 대책

☐ TV를 없애고 미니 빔 프로젝터를 구입한다.

☐ 관리가 어려운 가전은 처분한다.

☐ 아이가 다칠 우려가 있는 가전은 처분한다.

☐ 콘센트 옆에는 와이파이 공유기와 충전 케이블만 둔다.

☐ 케이블은 보이지 않게 정리함에 집어넣는다.

③ 테이블 위에 잡동사니가 많다

→ 우리 집 대책

☐ 테이블 위는 항상 깨끗하게 비워 둔다.

☐ 거실은 공유 공간이므로 개인 물건은 수납하지 않는다.

☐ 사무용품, 문구류는 사용할 때만 본인 방에서 갖고 나온다.

☐ 문구류는 종류별로 1개씩만 보유한다.

☐ 다 쓴 물건은 반드시 제자리에 놓는다.

☐ 쓰레기는 바로 버린다.

☐ 식사가 끝나면 테이블의 식기를 바로 치운다.

④ 사용하지 않는 물건이 너무 많다

→ 우리 집 대책

☐ 1년 이상 쓰지 않는 물건은 버린다.

☐ 최근 한 달 동안 쓰지 않은 것은 보류함에 넣고 상황을 지켜본다.

☐ 먼지만 쌓이는 오브제나 장식품은 처분한다.

☐ 물건이 많지 않으므로 거실 수납장을 없앤다.

☐ 시든 식물은 처리한다.

☐ 전자책을 적절하게 활용한다.

[주방]

① 주방에 꺼내 놓은 물건이 많다

→ 우리 집 대책

☐ 주방에는 아무것도 꺼내지 않고, 올려놓지 않고, 매달아 놓지 않는다.

☐ 붙박이 수납장에 다 넣을 수 있을 만큼 물건을 줄인다.

☐ 수납장이 없어도 될 만큼 물건을 줄인다.

☐ 물건을 매달기 위한 고리나 흡착판은 모두 제거한다.

☐ 냉장고에 아무것도 붙이지 않는다(접착 메모지와 자석도 금지).

　버릴수록 부자 되는 미니멀리즘 재테크

☐ 청소하기 편한 주방을 만든다.

② 식기와 조리 도구가 많다

☐ 식기류는 가족 수에 맞춘다. 손님용은 불필요하다.

☐ 한 달 기준 자주 사용하는 조리 도구만 남긴다.

☐ 같은 조리 도구를 여러 개 두지 않는다.

☐ 최근 한 달 동안 쓰지 않은 조리 도구는 보류함에 보관하고 상황을 지

켜본다.

☐ 아기용 식기는 성장하면 교체한다.

③ 주방 수납장이 식자재와 잡동사니로 가득하다

→ 우리 집 대책

☐ 1년 이상 쓰지 않은 물건은 처리한다.

☐ 유통 기한이 지난 식자재와 조미료는 처리한다.

☐ 조미료는 자주 사용하는 것만 남긴다.

☐ 한 달 이상 쓰지 않은 식자재와 조미료는 처리한다.

☐ 건강보조식품을 먹는 대신 식습관을 바로잡는다.

☐ 여분의 생활용품은 1개로 제한한다.

☐ 냉동실에 얼린 먹다 남은 음식, 아이스 팩은 처리한다.

☐ 청소는 다목적 세정제와 매직 스펀지로만 한다.

☐ 수납장은 5~7할만 채운다(반드시 여백을 남김).

[수납장·붙박이장]

① 창고처럼 엉망이다

→ 우리 집 대책

☐ 1년 이상 쓰지 않는 물건은 처분한다.

☐ 1년 이상 열지 않는 수납장은 처분한다.

☐ 1~2분류에 해당하는 물건만 수납장에 보관한다.

☐ 침구류는 가족 수에 맞춘다. 손님용은 불필요하다.

☐ 선물로 받은 물건은 바로 쓰고 불필요하면 처분하거나 처음부터 받지

않는다.

② 추억의 물건이 많다

→ 우리 집 대책

　　버릴수록 부자 되는 미니멀리즘 재테크

☐ 가족사진은 클라우드에 보관하고 사진첩 폴더의 것은 삭제한다.

☐ 추억의 물건은 개수를 제한한다(먼지만 쌓임).

☐ 추억은 '물건'이 아닌, '마음'에 새긴다.

새는 돈을 막는 미니멀리스트 재테크

항상 점검하는 3가지 숫자

먼저 현 상황을 파악하기 위한 3가지 숫자를 확인해 보자. 이 숫자들은 내 재정 상태를 알 수 있는 기준이다. 나도 이 3가지를 매달, 매해 꼼꼼히 점검하고 있다.

① 가계수지

당신의 재정 상태가 흑자인지, 적자인지 알기 위해 먼저 한 달 가계수지를 확인해 보자. 매달 가계수지가 흑자라면 문제없겠지만, 적자라면 재정 개선이 필요하다.

첫 번째 목표로 매달 가계수지를 흑자로 만들어 보자. 가계수지가 적자라는 것은 어딘가 과도한 지출이 있다는 뜻이므로 돈이 새는 곳을 먼저 찾아야 한다. 구체적인 재정 개선책은 뒤에서 설명하겠다.

나도 매달 수익을 꼼꼼히 살펴보며 불필요한 소비를 파악했다. 지금까지는 매달 흑자지만, 수입이 크게 줄어들면 적자가 될 가능성도 있다. 그래서 나는 가계수지가 적자가 됐을 때, 바로 문제를 해결할 수 있도록 매달 빠짐없이 가계수지를 확인한다. 그리고 아내에게도 '내 수입이 갑자기 크게 줄어들면 이사를 해서 생활 수준을 낮추고 상황에 맞게 살아가자'라고 얘기해 두었다.

② 저축률

가계수지를 파악했다면 저축률(저축액÷실수령액×100)을 산출한다. 가계수지가 흑자인 사람은 저축률을 10~20%로 잡는다. 절약은 잘하는데 돈은 잘 못 버는 사람이 있는가 하면, 돈은 잘 버는데 절약은 못하는 사람도 있다. 어느 쪽

 버릴수록 부자 되는 미니멀리즘 재테크

이든 '안정적인 재정 상태'를 알려 주는 것은 '저축률'이다.

수입은 적지만 저축률이 30% 이상인 사람, 수입은 많지만 생활 수준이 너무 높아 저축률이 10%도 안 되는 사람이 있다. 저축률이 10%를 밑도는 재정은 늘 살림이 빠듯하여 경제적으로 불안정해질 수 있으니 주의해야 한다.

만약 지금 당신이 충분히 절약하고 있으며 돈도 잘 벌고 있다면 저축률 20~50%를 목표로 하기 바란다. 다만, 저축률이 너무 높으면 숨통이 막히거나 과로로 건강을 해칠 수 있으므로 '당신에게' 적합한 목표를 설정해야 한다.

우리 집도 초반에는 저축률 10%로 시작했다. 절약에 조금씩 익숙해지고 일이 어느 정도 본궤도에 오른 후에야 저축률을 50%에서 75%, 90%로 늘려 갔다. 개인적으로는 저축률이 50%를 넘겼을 때, 비로소 마음의 여유를 느낄 수 있었다.

왜냐하면 내가 아파서 매달 들어오는 수입이 절반으로 줄어들거나, 본업 비율을 반으로 줄이고 새로운 부업에 도전해도 적자가 될 일은 없기 때문이다. 재정이 여유로워지면 새로운 방법을 생각할 여유가 생기는 만큼 '저축률

50%'는 목표로 삼을 가치가 있다. 실수령액의 절반도 안 되는 돈으로 생활을 꾸려 나가는 것은 굉장히 어려운 일이지만 최대한 절약하고 돈 버는 능력을 기르면 충분히 가능하다. 하지만 무리할 필요는 없다.

③ 자산액

나는 매달 자산액으로 자산 추이와 자산 배분을 확인한다. 그 이유는, 열심히 일하고 절약해 왔다는 증거이기도 하고, 돈이 불어나고 있는 것을 보면 단순히 즐겁기 때문이다(웃음). 자산 추이를 확인하는 것은 재정에 문제가 없는지, 자산이 순조롭게 우상향을 그리고 있는지 파악하기 위해서다. 물론 주가가 폭락할 수도 있지만, 1~2년 전보다 순조롭게 자산이 증가하면 뿌듯해지고, 더 힘내서 절약 생활과 본업에 임하게 되기도 한다. 만약 매달, 매해 자산액이 우하향 중이라면, 즉시 원인을 밝히고 대책을 마련해야 한다.

또한 자산 분배 확인도 중요하다. 이것은 예·적금과 투자액의 비율을 조정하여 위험을 줄이기 위함이다. 예를 들어

　　버릴수록 부자 되는 미니멀리즘 재테크

예·적금 1억 원, 투자액 0원이라면, 현금 비율이 너무 높아 1억 원은 그냥 묶인 돈이 되고, 예·적금 100만 원, 투자액 9,900만 원이라면, 투자 비율이 너무 높아 늘 불안 속에 살게 될 것이다.

즉, 자산 배분도 적절한 균형이 중요하다. 주가 변동에 일희일비하지 않고, 대폭락이 왔을 때 공포에 질려 투매하지 않아야 한다. 인덱스 투자의 목적은 어디까지나 장기 투자라는 점을 명심하며 여유로운 마음으로 균형 있게 자산을 배분하자.

Point

- ☑ 매달 가계수지, 저축률, 자산액을 반드시 확인하자.
- ☑ 최우선 목표는 재정의 흑자화! 그다음은 저축률 10%!
- ☑ 절약, 저축의 중수 또는 고수라면 저축률 20~50%를 목표로 하자!
- ☑ 저축률, 자산 배분의 적절한 균형을 찾는다.

**고정비를 줄이는
미니멀리즘 습관**

이번에는 그동안 내가 실천해 온 미니멀리스트 생활 방식의 효율적인 재정 개선책을 소개하고자 한다. 요약하면, '재정 전체'를 바로잡는 것이 아닌, '원 포인트 집중형' 절약법이다.

집 정리를 예로 들어 보자. 집 전체를 하루 만에 정리하는 것은 불가능하다. 수개월에 걸쳐 하나씩 물건을 확인하고 정리해 나가야 한다. 절약도 마찬가지이다. 한 달 만에 재정 전체를 바로잡을 수는 없다. 절약 초보는 보통 한 번에 모든 것을 절약하려는 경향이 있는데, 그러면 인생이 괴롭고 숨이 막힐 수밖에 없다.

절약은 꾸준함이 가장 중요한 만큼, 한 번에 모든 것을 하려 하지 말고 포인트를 좁혀 효율성을 높이자. 줄일 곳은 줄이고 뺄 곳은 뺀다. 중요한 것은 완급 조절이다.

나는 한 달에 하나의 지출만 검토하는 것을 추천한다. 많아도 3개까지다. 예를 들면, 지출 항목 중에서 식비 항목만 한 달간 집중적으로 검토해 보는 것이다. 식비를 절약하는 다양한 방법을 비교해 보고 자신에게 적합한 방법을 찾아 실천한다. 한 달 동안 오로지 식비만 절약하면 되니 별로 어렵지 않을 것이다. 또 이 방법에 익숙해지면 의식하지 않아도 절약할 수 있다.

스마트폰 요금의 경우, 대기업 이동 통신사에서 알뜰폰으로 갈아타는 것을 번거로워하는 사람이 많은데 한 달 동안 '이것만' 들여다본다고 하면, 해볼 만하지 않을까?

이런 식으로 하나씩 지출을 살펴보면서 서서히 절약 습관을 들이고 자신의 행복을 해치지 않는 방법을 익히는 것이 중요하다. 1년이면 충분히 재정 전체를 바로잡을 수 있다.

요즘은 SNS나 서적을 통해 다양한 절약 정보를 접할 수 있다. 자세한 내용은 굳이 내가 말하지 않아도 될 것이다. 절약에서 가장 중요한 것은 '당신이 어떤 절약을 실천하는가'이다. 절약에 치중하다 마음이 가난해지면 아무 의미가 없다. 하나씩 바로잡아 보자.

[내가 매달 실천 중인 재정 개선 습관]

① 가계부 앱에 고정비가 자동 입력되도록 설정한다

우리 집은 가계부 작성을 조금이라도 쉽게 하려고 고정비가 '매달 1일'에 자동 입력되도록 설정했다. 매달 1일에 고정비의 합계가 가계부에 반영되면, 월초부터 정신이 번쩍 들기 때문이다(웃음). 고정비가 늘었다고 느껴지면 재정을 점검한다. 우리 집은 매달 1일에 '불필요한 고정비는 없는지', '더 줄일 수 있는 고정비는 없는지' 반드시 확인한다.

절약 하수는 월초에 신나게 지갑을 풀었다가, 월말이 되어서야 허겁지겁 허리띠를 졸라매는 경향이 있다. 또 어떤 사람은 절약을 다음 달로 미루고 돈을 마구 써 버리기도 한다. 그렇게 해서는 영원히 돈을 모을 수 없다.

절약 고수는 월초에 지갑을 꽉 닫고 있다가 월말이 되어서야 조금씩 푼다(당연히 예산 범위 안에서 쓰기).

② 지출이 많은 순서대로 생활비를 점검한다

우리 집 가계부는 지출액이 많은 순으로 정리되어 있다. 이유는 크게 두 가지이다. 첫 번째는 절약이 필요한 내역을 특정할 수 있기 때문이다. 나는 매번 지출액이 많은 순으로 내역을 확인한 후, 지난 쇼핑 항목에서 불필요한 부분은 없는지 분석한다. 우리 집에서 예산이 자주 초과되는 항목은 '식비', '양육비', '전기세'이다. 그래서 이 3가지에 초점을 맞추어 절약 대책을 세웠고, 매달 10~30만 원을 절약할 수 있었다.

변동비는 이렇게 절약하는 것이 한 달에 1~2만 원씩 아끼는 것보다 훨씬 효율적이다.

우리 집은 식비를 아끼기 위해 외식비 예산을 낮게 책정하고 귀찮아도 집에서 밥을 해 먹는다. 그래서 재료비를 적게 들이고도 맛있는 식사를 할 수 있도록 매일 식단을 연구한다. 양육비는 필요한 물건을 필요한 만큼만 사는 것이 원칙이며 되도록 지인에게 물려받거나 중고를 구입한다. 없어도 되는 물건은 사지 않고, 집에 두지도, 받지도 않는다. 또한 불필요한 가전제품을 처분해 전기세를 줄였다. 여기에 '에어컨'과 '건조기 기능이 있는 세탁기' 때문에 전기세가 많이 나오는 편이라, 에어컨 온도와 세탁 세제의 양을 조절하는 방법으로 월 5만 원~10만 원을 절약하고 있다.

③ 예산이 초과한 지출을 점검한다

이제는 드문 일이지만, 이전에는 외식비, 의류비, 취미-오락비, 교제비, 생활용품비가 자주 예산을 초과했다. 이러한 항목은 예산을 세울 때, 내 욕망과 가족의 행복도가 적절한 균형을 이루는 것이 중요하다.

우리 부부는 '먹는 것'을 좋아해서 식비 예산을 넉넉하게 잡는다. 한편 미니멀리스트가 된 이후로 내가 옷이나 패션 용품에 센스가 없다는 것을 알게 되어 어느새 의류비(옷, 신발, 가방, 액세서리 등)는 연간 0원이 되었다. 아내도 필요한 화장품 외에는 거의 사지 않는다.

생활용품의 경우, 집이 넓었으면 좋겠고, 집안일보다는 아이를 키우는 데 집중하고 싶어서 쓸데없이 많이 사지 않는다. 사람들과의 모임이나 취미를 위해 필요한 비용은 아직 아이가 한 살이고 손이 많이 갈 나이라 해당 사항이 없다. 지금은 양가 부모님 댁에서 시간을 보낼 때가 많고, 집 근처를 산책하거나 공원, 어린이 도서관에 주로 가기 때문에 돈이 거의 들지 않는다.

다음의 표는 이 3가지 항목의 재정을 개선한 결과이다. 각 가구 형태를 비교했을 때 매달 변동은 조금씩 있었지만 생활비가 합리적으로 유지되었다.

● 일본의 경우 수도나 전기, 통신 요금 등이 시장 자유화 혹은 민영화되어 회사마다 요금이나 징수 방법이 다릅니다. 그래서 항목마다 때로는 고정비로 때로는 변동비로 분류되기도 합니다. - 옮긴이 주

1인 가구 시절의 생활비(※2017년경: 미니멀리스트 3년 차)

구분	항목	지출액(원)
고정비	관리비	35만 원
	와이파이 요금	5만 원
	주차비	5만 원
	자동차 보험료	3만 5,000원
변동비	식비	15만 원
	공과금	10만 원
	교통비	5만 원
	도서 구입비	5만 원
	생활용품비	1만 원
	미용비	1만 원
	잡비	0~10만 원
합계	총 생활비	약 90만 원 ~ 100만 원(1인 가구)

버릴수록 부자 되는 미니멀리즘 재테크

부부 2인 가구 시절의 생활비(※2019년경: 미니멀리스트 5년 차)

구분	항목	지출액(원)
고정비	관리비	55만 원
	와이파이 요금	5만 원
	정기 구독료	3만 2,000원
	주차비	5만 원
	자동차 보험료	3만 5,000원
변동비	식비	40만 원
	공과금	15만 원
	교통비	10만 원
	스마트폰 요금	14만 원 (나: 7만 원, 아내: 7만 원)
	미용비	6만 원 (나: 1만 원, 아내: 5만 원)
	생활용품비	2만 원
	자기 계발비	10만 원
	예비비	0~30만 원
합계	**총 생활비**	**약 170만 원 ~ 200만 원(부부 2인 가구)**

현재 3인 가구의 생활비(※2024년: 미니멀리스트 10년 차)

구분	항목	지출액(원)
고정비	관리비	80만 원
	와이파이 요금	4만 7,000원
	스마트폰 요금	4만 3,000원 (나: 2만 1,500원, 아내: 2만 1,500원)
	정기 구독료	2만 1,000원
	주차비	5만 원
	자동차 보험료	3만 5,000원
변동비	식비	45만 원
	양육비	15만 원
	전기료	10만 원
	교통비	10만 원
	미용비	5만 6,000원 (나: 6,000원, 아내: 5만 원)
	가스비	4만 원
	수도 요금	3만 원
	생활용품비	3만 원
	예비비	0~20만 원
합계	**총 생활비**	**약 200만 원 ~ 220만 원** **(부부, 자녀 포함 3인 가구)**

     버릴수록 부자 되는 미니멀리즘 재테크

☑ 가계부 앱에 고정비가 자동 입력되도록 설정한다.

☑ 지출이 많은 순으로 생활비를 점검한다.

☑ 예산이 초과된 지출을 점검한다.

☑ 특정 항목을 집중적으로 절약한다.

☑ 자신의 욕망을 다스리며 예산을 세운다.

☑ 행복도가 떨어지지 않는 절약 방법을 생각한다.

☑ 절약으로 오히려 마음이 궁핍해졌다면 개선한다(완급 조절이 중요).

연봉보다 중요한
'돈 지키는' 7가지 능력

이번에는 10년 동안 미니멀리스트로 살며 깨달은 '절약의 힘을 기르는 7가지 능력'에 대해 설명하고자 한다.

① 돈, 재산을 관리하는 능력

매일 가계부를 쓰며 재산을 관리하고, 꼼꼼하게 예산을 책정하여 생활비를 개선하는 것도 능력이다. 이러한 과정 없이는 아무것도 시작할 수 없다. 매일 숫자를 살피며 데이

터를 기록, 관리, 분석, 개선하는 사람만이 결국 돈을 모을

수 있다.

② 취사선택의 능력

'필요/불필요', '한다/안 한다'를 결정하는 능력이다. 정

리는 '무엇이 필요하고 무엇이 필요하지 않은지', 절약은

'무엇을 절약해야 하며, 무엇에 돈을 써야 하는지' 결단이

필요하다. 더욱이 하루는 24시간이므로 그 생활 속에서

'무엇을 하고, 무엇을 하지 않을 것인지' 선택하는 것도 재

정에 큰 영향을 미친다.

지금의 재정 상태는 과거에 당신이 결정한 취사선택의

결과이다. 따라서 미래는 오늘 당신의 결단에 따라 얼마든

지 바뀔 수 있다.

③ 유혹을 이겨 내는 능력

쇼핑할 때, 우리는 무수한 유혹에 흔들린다. 수많은 회사

와 상점이 사업을 유지하기 위해 온 힘을 다해 물건을 팔

고, 유명 연예인, SNS 인플루언서가 광고 모델로 나서 상

품과 서비스를 적극적으로 홍보한다. 가까운 사람에게 좋은 물건을 소개받을 수도 있다. 우리는 언제나 물욕을 자극받는 환경에 사는 것이다.

이런 세상에서, 나는 오히려 유혹을 이겨 내게 되었다. 아무리 좋은 상품이라고 홍보해도 생활에 필요한 물건은 거의 다 있기 때문이다. 제3장에서도 말했듯이, 나는 '필요한 물건과, 없으면 생활에 지장이 있는 물건'만 산다.

순간적으로 혹하는 물건들은 안 사도 딱히 생활에 지장이 없다. 평소대로 살 수 있다. 구매 충동이 생기면 일단 그 장소에서 벗어나 냉정해지는 시간을 갖자. 가까운 사람이 당신의 물욕을 자극한다면 그 사람과 거리를 두는 것도 좋다. 현명하게 유혹을 이겨 내는 자만이 자산을 순조롭게 모을 수 있다.

④ 가성비 좋은 상품을 알아보는 능력

물건을 살 때는 '가성비 좋은 상품을 알아보는 안목'도 중요하다. 비싼 물건만 사면 빈털터리가 되는 것은 시간문제다. 하지만 저렴하다고 해서 '안 쓰게 될 물건', '금세 망가

 버릴수록 부자 되는 미니멀리즘 재테크

지는 물건', '기능성이 떨어지는 물건', '금방 질리는 물건'을 사는 것은 바람직하지 않다.

그래서 가성비 좋은 물건을 알아보는 능력이 필요하다. 나는 상품이 갖춰야 할 최소 조건을 정하고, 상품을 추려 저렴한 것을 찾은 후 평가와 후기를 일일이 확인하는 등 시간이 걸리더라도 꼼꼼히 비교 검토한다. 이러한 과정을 거치며 쇼핑 실패가 훨씬 줄어들었다. 충동적인 쇼핑은 실수로라도 해서는 안 된다. 그런 경우, 대부분 기업과 상점의 노련한 마케팅에 넘어가 별로 좋지 않은 물건을 사고 낭비로 끝나게 된다.

⑤ 요리 실력

저렴한 재료로 단시간에 요리하는 실력을 갖추면 식비 절약에 큰 도움이 된다. 식비가 많이 드는 사람은 요리를 못해서 외식이 잦고 반찬 가게나 편의점 음식으로 식사를 때우는 경우가 많다. '요리할 바에야 밥은 외식으로 때우고 그 시간에 일을 하는 게 낫다'는 사람도 있을 것이다. 물론 돈을 엄청 많이 버는 사람은 상관없다.

하지만 버는 것보다 아끼는 것을 더 잘하는 사람도 분명히 있다. 일해서 10만 원을 버는 것과 직접 요리해서 10만 원을 아끼는 것, 모두 똑같은 10만 원이다. 여기에 우열은 없다. 절약도 훌륭한 부업이다. 물론 일과 요리, 이 두 가지를 다 잘하면 더할 나위 없이 좋다.

⑥ 거절하는 능력

옛날에는 가기 싫은 술자리나 모임에도 대부분 참석했다. 속으로는 거절하고 싶었지만 용기가 없었다. 그래서 돈을 모으기가 힘들었다. 'NO'라고 거절하지 못하는 사람은 외식비와 사회적 관계를 위한 비용이 많이 들 수밖에 없다. 귀중한 재산을 지키려면 '거절할 용기'가 필요하다. 하기 싫은 일, 껄끄러운 일, 스트레스받는 일, 과도한 지출이 필요한 초대는 모두 거절하자.

나는 모임에 초대받으면 소중한 시간과 추억을 나눌 수 있는지, 배움과 성장의 기회가 되는지, 새로운 인생 경험을 할 수 있는지, 예산을 초과하지는 않는지 여러모로 따져 보고 참석을 결정한다.

 버릴수록 부자 되는 미니멀리즘 재테크

⑦ 있는 그대로 사는 능력

허세와 우월감을 충족시키기 위해 돈을 쓰는 것은 절약의 가장 큰 적이며 그 끝은 결국 패가망신이다. 나도 옛날에 허세를 부리다가 많은 돈을 잃었다. 허세를 부려 보았자 내 위에 잘난 사람은 너무 많고, 남과 비교할수록 마음은 더욱 가난해질 뿐이다. 게다가 열등감이 심해지면 자신의 부족한 부분을 채우기 위해 더 돈을 쓰게 된다. 그러다 보면 내가 실제로 소비 가능한 범위를 넘는 소비까지 하게 되는 것이다.

결국 나는 허세와 우월감 때문에 돈을 물 쓰듯 하며 부자 행세하는 것을 그만두었다. 있는 그대로 사는 것이 편했고 그런 나를 사랑해 주는 사람들과 함께하고 싶었다. 그랬더니 내 결점과 약점을 숨기기 위한 소비를 멈추게 되었다.

☑ 돈, 재산을 관리하는 능력

☑ 취사선택의 능력

☑ 유혹을 이겨 내는 능력

☑ 가성비 좋은 상품을 알아보는 능력

☑ 요리 실력

☑ 거절하는 능력

☑ 있는 그대로 사는 능력

실패 없는 미니멀리스트의
쇼핑 원칙

이번에는 낭비를 방지하는 미니멀리스트의 쇼핑 원칙을 소개한다. 다소 극단적인 내용도 있지만 그만큼 효과는 뛰어나다. 여기저기 돈 나가는 데가 많아 저축할 여유가 없다면 '돈 아끼는 쇼핑 원칙'을 세워 보자. 미니멀리스트는 낭비를 없애는 데는 전문가이므로 이 내용을 참고하면 도움이 될 것이다.

① 오늘 혹은 내일 중으로 사용하지 않을 물건은 미리 사지 않는다

돈을 못 모으는 원인은 쓸데없는 물건을 사기 때문이다. 정말 필요한 물건은 '오늘, 내일' 중으로 사용할 물건이다. 우리 집도 이 원칙을 늘 지키고 있다. '일주일 후 사용할' 물건을 미리 사는 일은 절대 없다.

쇼핑이 조금 번거로워도 필요 없는 물건을 사는 것보다는 낫다. 쇼핑할 때 '오늘, 내일 중으로 사용하는가?' 자문자답해 보면 불필요한 물건을 사지 않게 된다.

② 집에 대체용품이 있다면 사지 않는다

낭비가 심한 집은 같은 물건도 여러 개가 있다. 옷, 구두, 우산, 식기, 문구용품, 위생용품, 액세서리, 화장품, 여분의 물품 등이 주로 그럴 것이다. 사실 우리가 생활하는 데 필요한 물건은 정해져 있어서, 같은 물건이 그렇게 많을 필요가 없다. 물건은 이미 충분한데 왜 새로운 것을 자꾸 사는 걸까. 지금 집에 있는 물건을 사용할 수 있다면 같은 물건을 또 살 필요가 없다. 낭비일 뿐이다.

 버릴수록 부자 되는 미니멀리즘 재테크

쇼핑할 때, 집에 있는 물건으로 대체할 수 있는 것은 사지 않기로 하자. 오늘, 내일 중으로 사용할 물건, 집에 대체 용품이 없는 것만 구입한다.

③ 다 쓸 때까지 사지 않는다

대량 생산, 대량 소비 시대인 요즘은 하루가 무섭게 신상품이 쏟아져 나온다. 사람들은 신상품을 보면 집에 있는 것도 홀린 듯이 사 버린다. 또 물건을 쟁이는 버릇이 있는 사람은 '물건이 떨어질 불안감에' 미리 사서 쟁인다. 언제든지 원하는 것은 바로 손에 넣을 수 있는 시대에 정말 이상하지 않은가. 우리는 이미 물건의 홍수 속에 살고 있는데, 왜 자꾸 쟁이지 못해서 안달일까? 우리 집은 쟁여 놓은 물건이 거의 없다. 세탁 세제나 휴지가 하나밖에 안 남았어도 다음 날 사면 된다는 생각이다.

④ 쇼핑 목록에 없는 것은 사지 않는다

우리 집은 쇼핑하기 전, 오늘이나 내일 중 사용할 식자재와 조미료, 소모품 등을 적은 '쇼핑 목록'을 준비한다. 그러

면 재고를 확인하는 습관이 생겨 살 것을 깜빡하거나 쓸데
없이 많이 사는 일을 막을 수 있다. 절대 쇼핑 목록에 없는
물건을 사면 안 된다. '지금' 필요하지 않기 때문이다. 그런
것은 당분간 없어도 생활에 지장이 없다. 정말 필요한 물건
만 사는 습관이 절약으로 이어진다.

⑤ 일시불로 살 수 없으면 사지 않는다

대출이나 할부는 당장 수중에 현금이 없어도 '갖고 싶
은 것'을 살 수 있게 해 주는 편리한 제도다. 여러분은 주로
스마트폰, 컴퓨터, 태블릿 PC 같은 전자기기, 세탁기 같은
생활 가전, 자동차, 집 등을 구매하거나 학원에 등록할 때
이 제도를 이용할 것이다. 하지만 나는 일시불로 살 수 없
으면 사지 않는다. 대출은 '나중에 할 일을 당겨서 하는 것'
과 같다. 아깝게 이자를 내야 하는 데다, 대출이 많을수록
삶이 고단해지기 때문이다.

몇 년 후, 병에 걸리거나 수입이 줄어들고, 직장을 잃을
수도 있다. 나는 그러한 부담을 지고 싶지 않아서 대출을
하지 않는다. 즉, '일시불로 사고 싶은 물건인가 아닌가'도

쇼핑의 중요한 판단 기준이 되는 셈이다. 나는 스마트폰 같은 전자기기나 생활 가전을 최신 기종으로 바꾸고, 수천만 원짜리 자동차를 갖고 싶은 마음은 없다. 하지만 정말 갖고 싶은 것이 생긴다면 일시불로 살 수 있을 때까지 열심히 돈을 모을 것이다.

이렇게 '일시불로 살 수 없으면 사지 않는다'라는 결심만으로도 낭비를 막고, 형편에 맞는 소비를 할 수 있다.

⑥ 관리가 필요한 물건은 사지 않는다

우리 집은 관리가 필요한 물건이 없다. 그런 물건이 많으면 소중한 돈과 시간이 낭비되기 때문이다. 게다가 나는 '심각한' 게으름뱅이라 그런 것이 집에 있어도 절대로 관리하지 않는다(웃음). 나에게는 '관리가 쉬운 물건', '관리가 필요 없는 물건'을 사는 것이 현명한 선택이라는 것을 깨달았다.

양복, 구두, 가방, 매트류, 가구, 가전, 전자기기 등은 관리가 필요한 대표적인 물건들이다. 여러분 집에는 이런 것들이 몇 개나 있는가? 우리 집은 거의 없다. 양복은 주름이 잘

안 지는 재질의 옷, 다림질과 클리닝이 필요 없는 옷만 산다. 신발은 통째로 물세탁 할 수 있는 것, 가방은 형태가 무너지지 않는 방수, 발수 가공 원단의 백팩을 사용한다. 가죽으로 만든 구두나 가방은 없다. 그리고 현관, 화장실, 거실에는 매트류가 하나도 없다. 롤 클리너로 먼지를 제거하고, 청소기를 돌리고, 세탁이나 클리닝을 맡겨야 하는 번거로움 때문이다. 게다가 안 사면 돈도 아낄 수 있다. 가구와 가전, 전자기기도 관리가 번거롭고 시간이 걸리는 물건은 절대 사지 않는다.

⑦ 크고, 무겁고, 자리를 차지하는 물건은 사지 않는다

우리 부부는 '크고, 무겁고, 자리를 차지하는 물건'은 사지 않는다. 그런 물건들은 비싸기도 하지만, 넓은 공간이 필요해 집세도 많이 나가고, 이사나 처분할 때에도 그만큼 돈이 들기 때문이다. 즉, '크고, 무겁고, 자리를 차지하는 물건'이 많은 집일수록 돈이 낭비되는 것이다.

그래서 우리는 '작고, 가볍고, 부피가 크지 않으며, 처분하기 쉬운 것'을 주로 구입한다. 이런 제품은 대개 저렴하고 주거비와 수납, 이사와 처분에도 큰돈이 들지 않는다. 인생 전체로 보면, 수백에서 수천만 원이 절약되는 셈이다.

⑧ '구매'와 '처분'은 한 세트

여러 번 강조했지만 우리는 이미 생활에 필요한 물건이 전부 있다. 이 말은, 물건을 하나 들이면 다른 하나를 버린다는 뜻이다. 우리 집에는 '1분류-자주 사용하는 것'과 '2분류-가끔 사용하는 것'만 있다. 그래서 물건을 업그레이드하거나 교체할 때는 '3분류-거의 사용하지 않는 것'으로 내려가는 물건이 반드시 있어서 그것을 처분하고 있다. 이른바 '1인 1아웃'이다. '하나를 사면, 집에 있는 불필요한 하나를 처분한다'라는 미니멀리스트식 쇼핑 원칙이다.

집에 물건이 많으면 '1인 2아웃', '1인 3아웃'도 추천한다. 1개를 사면 2개 이상 처분하는 것이다. 그렇게 하면 집을 차지하던 물건이 점점 줄어들 뿐 아니라, 내가 아끼는 기능성 있는 물건들만 남게 된다. 집이 깨끗해져 낭비가 줄어들고 쇼핑 고수가 되어 가는 것은 말할 것도 없다.

⑨ 사치품은 수납 한도를 정해서 산다

이처럼 생활에 필요한 물건은 최대한 줄이지만, 즐거운 인생을 위해서는 우리의 마음을 풍요롭게 하는 물건 즉, '사치재(생활에 직접적으로 필요하지 않은 물건)'도 조금은 있어야 한다.

예를 들어, '추억의 물건'은 생활필수품은 아니지만, 가끔 들여다보면 마음이 몽글몽글해지는 효과가 있다. 과자, 술, 인테리어 소품, 입으면 왠지 자신감이 솟는 양복과 액세서리, 긴장을 풀어 주는 입욕제나 양초도 마찬가지다. 누군가에게는 '없어도 상관없는 것'이지만, 누군가에게는 '즐거운 인생'에 꼭 필요한 것일 수 있다. 하지만 너무 지나치면 돈과 시간을 낭비할 수 있으니 형편에 맞게 즐기자.

추천하는 방법은 수납 한도를 정하는 것이다. 수납장이 부족해지지 않도록 미리 소유할 개수를 정해 놓자. 그렇게 하면 물건을 신중하게 고를 수 있어 낭비가 줄고, 당신이 좋아하는 물건들로 채워진 삶을 실현할 수 있을 것이다.

　버릴수록 부자 되는 미니멀리즘 재테크

☑ 오늘 혹은 내일 중으로 사용하지 않는 물건은 미리 사지 않는다.

☑ 집에 대체용품이 있다면 사지 않는다.

☑ 다 쓸 때까지 사지 않는다.

☑ 쇼핑 목록에 없는 것은 사지 않는다.

☑ 일시불로 살 수 없으면 사지 않는다.

☑ 관리가 필요한 물건은 사지 않는다.

☑ 크고, 무겁고, 자리를 차지하는 물건은 사지 않는다.

☑ '구매'와 '처분'은 한 세트다.

☑ 사치품은 수납 한도를 정해서 산다.

제5장

'생활'을 정리하면
'돈'도 정리된다

1

규칙적으로 생활한다

규칙적인 생활 습관은 심신을 건강하게 만들어 오랫동안 안정적으로 소득을 창출하게 해 준다. 건강은 모든 활동의 토대이다. 건강하지 않으면 돈도 잃고, 일도 잃고 아무것도 할 수가 없다. 옛날의 내가 그랬다.

일밖에 모르던 시절에는 잠을 줄여 가며 과로를 일삼았고, 식사는 대충 외식이나 편의점 음식으로 때웠으며 스트레스가 쌓이면 쇼핑과 폭음, 폭식으로 풀었다. 아무리 돈을 벌어도 나가는 돈이 계속 늘어나니 도저히 돈을 모을 수 없었다.

컨디션이 안 좋아도 계속 무리해서 일했고, 불규칙하고 건강하지 못한 생활을 1년 동안 지속한 결과, 결국 심신이 한계에 이르러 몇 달간 일을 쉴 수밖에 없었다. 나처럼 나약한 사람이 또 있을까 싶지만, 당시 나는 건강하지 않으면 돈을 버는 것도, 모으는 것도 힘들다는 것을 깨닫고 생활을 개선하기로 결심했다. 나에게 건강한 삶은 당연한 듯, 당연하지 않은 일이었다.

건강한 삶을 위해서는 규칙적인 생활로 작고 꾸준한 습관을 쌓아 가는 것이 중요하다. 이러한 습관의 시작은 '개인 시간의 활용'에 달렸다. 충분한 수면, 일찍 자고 일찍 일어나기, 건강한 식사, 적당한 운동, 정리 정돈, 청소, 목욕, 전신 스트레칭 등 바람직한 건강 습관은 개인 시간에서 비롯된다.

다음은 내가 매일 실천 중인 습관이다.

 버릴수록 부자 되는 미니멀리즘 재테크

[내가 실천 중인 규칙적이고 건강한 습관]

- 아침 5~6시에 일어나 하루를 시작한다.

- 매일 아침저녁으로 산책한다.

- 하루에 두 끼(점심, 저녁)만 먹는다. 폭음, 폭식은 하지 않는다.

- 탄수화물과 지방은 적게 먹고 채소와 과일을 많이 먹는다.

- 물건을 쓸데없이 들이지 않고 정리 정돈에 힘쓴다.

- 매일 거실, 화장실, 현관, 주방을 청소한다.

- 매일 욕조에 몸을 담그고 피로를 푼다.

- 매일 취침 전에 스트레칭을 한다.

- 마음이 답답할 때는 글로 생각과 감정을 정리한다.

- 늦어도 저녁 10시에는 잠자리에 든다. 피곤한 날은 저녁 8시로 당긴다.

규칙적이고 건강한 생활을 하면 늘 양호한 컨디션을 유지할 수 있고 맑은 머리로 뛰어난 업무 성과를 올릴 수 있다. 더불어 도전과 자기 성장에도 의욕적으로 임하게 된다. 무엇보다도 안정감과 만족감을 얻을 수 있다. 쇼핑, 폭음, 폭식으로는 채워지지 않는 것이 충족된다.

많은 이들이 피로와 스트레스를 돈으로 해소하려 한다. 살아 있는 한, 피로와 스트레스를 피할 수는 없지만 규칙적으로 하루하루를 알차게 보내며 건전하게 해소한다면 불필요한 돈 낭비를 막을 수 있다.

Point

☑ 건강은 모든 활동의 토대이다.

☑ 건강하지 않으면 돈을 벌 수도, 돈을 모을 수도 없다.

☑ 규칙적인 생활 습관이 건강과 부를 가져다준다.

☑ 건강한 생활 습관은 하루하루를 알차게 만든다.

 버릴수록 부자 되는 미니멀리즘 재테크

2

집안일과 육아를 간소화하여
시간을 절약한다

우리 집은, 집안일과 육아를 간소화하여 삶을 정돈하고 시간을 절약했다. 그 시간을 '절약', '재정 관리', '업무'에 쓸 수 있기 때문이다. 구체적으로는 다음과 같다.

[집안일과 육아의 간소화]

① 바닥과 현관 청소 → 바닥에 두는 물건은 최소화, 경량화

☐ 가구는 정말 필요한 것만 구비한다.

□ 바닥에 두는 장식품, 매트류, 수납장은 최소화한다.

□ 무겁고 옮기기 어려운 물건은 놓지 않는다.

□ 물건을 바닥에 꺼내 두지 않는다.

② 빨래, 옷 정리 및 관리 → 의류 개수 최소화

□ 계절에 따른 옷 정리가 필요 없을 만큼 의류를 정리한다.

□ 빨래는 '건조기 기능이 있는 세탁기'로 한 번에 끝내고 따로 널지

　않는다.

□ 일상복은 모두 옷걸이에 걸어 보관하고 개지 않는다.

□ 속옷과 내의는 '걸어 쓰는 포켓 수납장'에 돌돌 말아서 보관한다.

□ 빨래집게, 빨래 건조대, 행거, 옷장은 두지 않는다.

□ 관리가 필요한 일상복, 정장, 예복을 최소화한다.

③ 먼지 쌓이지 않게 하기 → 서류, 천류, 전자기기의 최소화

□ 서류, 종이, 책 등의 종이류는 스캔 등으로 전자화한다.

□ 먼지가 쌓이기 쉬운 전자기기, 케이블류를 최소화한다.

□ 1년 이상 쓰지 않아 먼지가 수북한 오브제, 장식품은 처분한다.

□ 먼지가 잘 앉고 쉽게 오염되는 매트, 인형, 쿠션은 없앤다.

　　　버릴수록 부자 되는 미니멀리즘 재테크

④ 위생 관리를 철저히 → 물이 닿는 곳은 물건 최소화

- 위생상 좋지 않은 화장실 매트, 양변기 커버, 슬리퍼는 두지 않는다.

- 오염과 곰팡이의 온상인 발 매트, 목욕 의자, 바가지는 두지 않는다.

- 주방의 조리 기구, 조미료는 꺼내 놓지 않고 깔끔하게 수납한다.

- 물이 튀는 세면대 위에 물건을 놓지 않고 모두 수납한다.

- 화장실, 욕실, 주방, 세면대는 매일 꼼꼼하게 청소하여 위생을 유지한다.

⑤ 직접 요리하기 → 복잡한 요리는 하지 않기

- 15분 안에 만들 수 있는 요리만 한다(요리 시간 단축).

- 가끔은 전자레인지나, 에어프라이어를 사용하여 요리법을 간소화한다.

- 조리 기구를 최소화한다(설거지가 줄어듦).

- 어떤 요리에도 잘 어울리는 식기를 가족 수만큼만 사용한다(설거지가 줄어듦).

⑥ 쇼핑 → 여분의 생활용품을 사지 않기

- 생활용품은 항상 쓰는 것만 산다(고정 품목으로 쇼핑 시간 단축).

    ☐ 집에 대체용품이 있는 것은 사지 않는다(쇼핑 시간 단축).

    ☐ 여유분을 쟁여 두지 않는다(없어서 재구매하더라도 최대 1개만 구매).

    ☐ 건전지 교체가 필요한 물건은 되도록 사지 않고, 사용하지 않는다.

    ☐ 관리가 필요한 물건은 되도록 사지 않고, 사용하지 않는다.

    ☐ 쇼핑할 때, 계획에 없는 물건은 사지 않는다.

    ☐ 쇼핑은 현금 없이 카드나 간편 결제로 지불한다(결제 시간 단축).

⑦ 서류 정리 → 바로 폐기를 원칙으로 하되, 필요한 서류는 전자화

    ☐ 우편물은 받는 즉시 확인하고 모두 버린다.

    ☐ 매해 세금 신고에 필요한 서류는 깔끔하게 정리해 보관한다.

    ☐ 보관할 필요 없는 서류는 모두 버린다(필요하면 스캔해서 파일로 만들고 원본은 폐기한다).

    ☐ 중요한 서류 데이터는 폴더별로 보기 쉽게 정리한다.

    ☐ 보험료, 세금은 자동이체로 납부한다. 불필요하게 서류를 쌓아 두지 않는다.

⑧ 재정 관리 → 돈의 흐름 단순화

    ☐ 모든 결제는 신용 카드 1장으로 한다.

     버릴수록 부자 되는 미니멀리즘 재테크

□ 은행 계좌는 3개로 압축한다(비상금용, 생활비용, 투자용).

□ 가계부는 스마트폰 앱에 기록한다(고정비는 자동 입력).

□ 업무 관련 송금은 ATM 대신 스마트폰 앱으로 한다.

⑨ 육아 → 육아용품 최소화

□ 아이 물건은 필요한 만큼만 산다. 대량으로 쟁이지 않는다.

□ 아이가 크면서 불필요해진 물건은 처분한다.

□ 만지면 위험한 물건, 삼킬 우려가 있는 물건을 최소화한다(위험 요
소 제거).

□ 아이와 외출할 때 준비물(가방 속 내용물)을 최소화한다.

□ 아이가 어지른 물건은 1분 내로 정리한다.

3

스마트폰 사용 시간을 줄인다

여러분은 혹시 시간이 날 때마다 스마트폰을 보는가? 아침에 일어나자마자 스마트폰을 켜고는 양치 중이나 이동, 휴식, 식사, 배변, 목욕 중간에, 심지어 머리를 말릴 때도, 잠들기 직전까지 계속 스마트폰을 보는 사람이 있을 것이다. 알림이나 진동 소리가 들리는 즉시 부리나케 스마트폰을 켜 확인한다? 당신은 확실한 스마트폰의 노예다.

나도 스마트폰을 한 번 잡으면 30분, 1시간을 우습게 흘

　　버릴수록 부자 되는 미니멀리즘 재테크

려보내던 시절이 있다. 이것이 매일 반복된다면 엄청난 시간 낭비다. 뿐만 아니라 스마트폰에 지배당하면 생산성과 집중력이 저하되고, 눈과 육체의 피로, 의욕 감퇴, 스트레스, 낭비가 따라온다. 아마도 찔리는 사람이 많을 것이다.

심심할 때 한 번씩 보는 것이겠지만 그런 자투리 시간이야말로 인생을 바꿀 기회다. 거꾸로 말하면 '인생을 바꿀 수 있는 활동 시간'을 송두리째 스마트폰에 빼앗기고 있는 것이다. 스마트폰은 잘 사용하면 편리한 도구가 되지만, 그렇지 않으면 무서운 독이 된다.

[스마트폰이 독이 되는 이유]

- 타인의 화려하고 사치스러운 생활을 동경한다. → 당신도 사치를 부리고 싶어진다.

- 물욕이 자극되는 콘텐츠를 본다. → 불필요한 소비에 자극받는다.

- 남과 비교하며 자신의 단점만 생각한다. → 단점을 보완하기 위한 지출이 증가한다.

- SNS를 보며 시간을 낭비한다. → 재정 관리와 본업에 써야 할 시간을 빼앗긴다.

오늘부터 인생을 바꾸고 싶다면, 다음을 실천하고 지금
당장 스마트폰 전원을 *끄자*.

[당장 실천할 일]

- 사용하지 않는 앱은 삭제한다.

- SNS '팔로잉' 목록을 정리한다.

- SNS에 불쾌한 게시물을 반복적으로 올리는 사람은 차단한다.

- 스마트폰 알림을 무음으로 바꾼다.

- 아침에 일어나면 스마트폰을 열지 않고 바로 씻는다.

- 문자 메시지에 답장은 아침과 저녁, 정해진 시간에만 한다.

- 스마트폰을 볼 때는 목적을 분명히 하고 제한 시간을 정해 둔다.

- 다른 일을 할 때는 스마트폰을 보지 않거나 전원을 끈다.

- 스마트폰을 꺼 두는 시간을 만든다.

- 스마트폰 충전은 침실 밖에서 한다.

- 취침 1시간 전부터 스마트폰을 보지 않는다.

이것이 내가 매일 지키고 있는 원칙이다. 집필 중인 지금
도 스마트폰 전원은 꺼져 있는 상태이다. 여러분도 지금 당

 버릴수록 부자 되는 미니멀리즘 재테크

장 스마트폰 전원을 꺼 보면 어떨까.

이렇게까지 하는 이유는 무엇일까. 여러분도 경험해 보면 알게 될 것이다. 스마트폰과 거리를 두면, 의미 있는 시간이 늘어난다. 나는 스마트폰 시간을 줄임으로써 다음과 같은 시간을 얻었다.

- 수면 시간
- 업무 시간
- 재정 관리에 힘쓰는 시간
- 공부 시간
- 아이와 함께하는 시간(육아 및 놀아 주는 시간)
- 산책하는 시간
- 쉬는 시간
- 영화를 즐기는 시간
- 새로운 일에 도전하는 시간
- 가족과 대화하는 시간
- 가족과 추억을 만드는 시간
- 아무 생각 없이 멍하니 있는 시간(일부러 아무것도 안 하는 시간)

만약 당신이 너무 바쁘고, 매일 심신이 지치고, 돈도 잘 못 모으고, 벌이도 형편없고, 일도 생각대로 안 풀린다면 먼저 스마트폰을 들여다보는 시간을 줄여 보자. 당신은 '스마트폰 속'에서 시간을 쓸 게 아니라, '자신의 인생'에 시간과 에너지를 써야 한다. 내 인생에 집중하지 않으면 인생을 바꿀 수 없다. 오늘부로 스마트폰이 지배하는 삶에서 벗어나자.

Point

☑ 스마트폰이 '인생을 바꿀 활동 시간'을 빼앗는다.

☑ 스마트폰은 편리한 도구지만 잘못 사용하면 무서운 독이 된다.

☑ 자투리 시간이야말로 인생 역전의 기회다.

☑ 스마트폰 전원을 끄고, 유의미한 시간을 많이 갖자.

　버릴수록 부자 되는 미니멀리즘 재테크

몸을 망치는
가짜 노동은 줄인다

자산을 불리기 위해 열심히 일하는 것도 중요하지만, 과로가 지나치면 낭비(스트레스와 우울함을 해소하기 위한 지출)로 이어질 수 있다. 인간은 스트레스가 쌓이면 돈을 쓰는 습성이 있다. 물론 가끔은 돈으로 기분을 전환하는 것도 좋다. 하지만 이러한 소비는 저축률에 악영향을 미치므로 주의해야 한다. 과로 때문에 생기는 스트레스가 지속되는 한, 당신은 낭비를 멈출 수 없다.

만약 당신이 '과로'나 '하기 싫은 일'을 한다는 이유로 낭비를 일삼으며 돈을 모으지 못하고 있다면 개선이 필요하다. 당장, 노동 시간과 일의 내용을 점검해 보자.

억지로 계속 일하다가는 몸과 마음이 무너지고 말 것이다. 정신 질병을 앓거나, 컨디션 저하로 큰 병을 치르는 사람도 있다. 나도 과로할 때마다 난치병인 궤양성 대장염이 재발했다.

가장 이상적인 것은 정년을 맞이하는 60세까지 건강하게 일하는 것이다. 일시적으로 과로하는 것일지라도 연속적으로 쉬지 못하거나 스트레스를 받으면 몸과 마음을 망치게 된다. 나는 '과로'와 '하기 싫은 일'을 안 하기 위해, 낭비되는 부분을 검토하고 생활비를 절약했다. 만약 한 달 생활비가 300~400만 원으로 늘었다면, '좋아하는 일', '하고 싶은 일'을 포기하고 '하기 싫지만 돈을 많이 주는 일'을 선택해야 하기 때문이다.

나는 한 달 생활비가 100만 원이 된 이후, 하기 싫은 일을 억지로 할 필요가 없어졌다. 게다가 한 달에 100만 원을 벌 수 있는 일은 무궁무진하다. 내가 잘하는 일과 좋아하는 일을 즐겁게 할 수 있게 된 것이다.

그러한 일을 선택한 결과, 업무 스트레스를 푸는 데 낭비하는 돈은 현저하게 줄었다. 물론, 좋아하는 일을 해도 스트레스는 쌓인다. 그래도 싫어하는 일을 억지로 할 때만큼은 아니다.

여러분도 일단, 지금 내가 하는 일에 대해 진지하게 생각해 보자. 적은 돈으로 살아갈 수 있다면, 일의 선택지가 바뀐다. 관심 분야에 도전하거나 내 특기를 살릴 수 있는 직업으로 이직할 수 있으며, 의욕과 보람을 실감하며 일을 선택할 수 있을 것이다. 자부심과 의욕, 보람을 느끼며 할 수 있는 일은 '수입' 이상의 가치가 있지 않을까?

Point

☑ 업무 스트레스가 심하면 낭비를 멈추기 어렵다.

☑ 오랫동안 건강하게 일하는 것이 가장 이상적이다.

☑ 적은 돈으로 살아갈 수 있으면, 일의 선택지가 바뀐다.

5

일부러 적을 만들지 않는다

형편이 어렵던 시절에는 주변 사람을 헐뜯고, 비난하고, 부정하며 화나게 했다. 그러면서도 정작 나 자신은 아무것도 바꿀 생각을 하지 않았다. 당연히 좋은 평판을 들을 수 없었다. 또 운 좋게 돈을 많이 벌었을 때도 내 힘으로 벌었다고 으스대고, 요란하게 멋 부리며 주위 사람들을 무시했고 언제나 경쟁자들을 밟고 올라서려 했다. 지금 생각하면 너무 부끄러운 이야기이다.

 버릴수록 부자 되는 미니멀리즘 재테크

이렇게 평판이 안 좋은 상황에서는 주변에 적이 많아져 늘 싸움에 휘말리게 된다. 스스로 인생의 난이도를 높이는 셈이다. 열심히 일해서 많은 돈을 벌고 싶어도 성과는 제자리고, 그러한 역풍 속에서 발버둥 치다 보면 스트레스가 쌓여 자연히 낭비도 늘어난다. 옛날의 내가 그랬다. 게다가 나는 경쟁심이 강하고 지기 싫어하는 성격이라 지고 있으면 분해서, 이기면 추월당할까 봐 두려워 죽도록 노력했다.

물론 그래서 일을 열심히 하게 된 것도 있지만, 나는 경쟁자를 이기든 지든, 또 돈을 많이 벌든 적게 벌든 늘 정신적으로 불안했고 항상 부족함을 느꼈다. 행복을 느낄 수가 없었다. 나는 편한 마음으로 행복하게 일하고 싶었다. 그래서 일하는 방식을 바꾸기로 했다.

지금은 승패보다 '상생'의 정신을 중요하게 생각한다. 주위 사람들을 밟고 올라서지 않고, 나만 잘 벌려고 하지도 않는다. 협력하며 상생하는 방향으로 일하면서부터 비로소 안정감을 느낄 수 있었다. 이것이 꾸준히 좋은 성과를 얻게 된 비결이다. 승패를 떠나 내 사람들과 함께 잘되고, 자유롭고 편하게 살고 싶다. 여러분도 혹시 같은 고민을 하고 있지는 않은가?

그래서 나는 다음과 같은 것들을 주의한다.

주변인들을 험담, 비판, 무시한다. (×)

협력, 응원해 주는 사람에게 감사를 전한다. (O)

껄끄러운 상대와 관계를 지속하며 스트레스를 받는다. (×)

껄끄러운 상대와는 차츰 관계를 끊고 잘 맞는 사람과 함께한다. (O)

잘난 체하며 거만하게 군다. (×)

항상 겸손하고, 요란하게 뽐내지 않는다. (O)

주위 사람들을 밟고 올라선다. 혼자 잘 벌려고 한다. (×)

서로 협력하고 상생하는 관계를 구축한다. (O)

그 결과, 내 주변에는 나를 응원하며 함께하고 싶어 하는 사람이 늘었고 정신적으로 편안하게 일에 전념할 수 있게 되었다. 또 괜한 경쟁심으로 쓸데없이 적을 만들고는 스트레스를 해소하겠다고 돈을 낭비하는 일이 사라졌다.

Point

☑ 일부러 적을 만들어 인생의 난이도를 높이지 않는다.

☑ 내 사람이 많아지도록 인성을 수양한다.

☑ 비난과 부정적인 말을 줄이고 감사를 표현한다.

☑ 잘난 척하지 않고 겸손하게 산다.

☑ 주변에 협력하여 상생하는 관계를 쌓아 간다.

시간 빈곤에서 탈출하는
9가지 행동 원칙

매일 바쁘다 보면 지금보다 수입을 더 올리기가 쉽지 않다. 일정에 여유가 없어 공부할 시간이 안 나고, 새로운 기회가 와도 현재 하는 일이 벅차 기회를 잡을 엄두가 안 난다. 지금보다 돈을 불리고 싶다면, 먼저 '돈 불릴 시간'부터 확보하자. 시간 낭비를 철저히 없애는 것이다. 시간 사용법을 개선하지 않으면, 기회를 잡을 수 없다.

다음은 내가 추천하는 '시간 낭비를 개선하는 9가지 행동 원칙'이다.

① 불필요한 선택으로 고민하지 않는다

당신은 매일, 이러한 선택으로 고민하고 있지 않은가?

[예]

- 무슨 옷을 입을 것인가?

- 나갈 때 무슨 가방을 들 것인가?

- 가방에 무엇을 넣어 갈 것인가?

- 어떤 구두를 신을 것인가?

- 어떤 식기에 밥을 담을 것인가?

매일, 이런 일로 고민하는 것은 시간 낭비다. 물건을 줄이고 선택지를 좁히자. 평소 사용할 물건을 정해 두면 이런 고민이 필요 없다.

② 계획을 빠듯하게 세우지 않는다

여러분은 혹시 목표나 일정, 업무를 빠듯하게 짜는 타입

인가? 목표가 많으면 할 일이 많아지고 시간은 점점 부족해진다. 일정과 업무가 너무 빼곡하게 차 있으면 모처럼 찾아온 기회도 놓칠 수 있다. 일을 너무 많이 하려고 하지 말자.

나는 목표를 최대 3개로 정하고 그날 해야 할 업무를 오전 3개, 오후 3개로 압축했다. 그러자 시간 여유가 생겨 갑작스러운 의뢰나, 도움이 될 만한 활동에 시간을 쓸 수 있었다. 실현 가능한 목표로 할 일을 압축하여 여유롭게 시간을 활용하는 것이다.

③ 유혹을 차단한다

여러분은 매일 유혹에 흔들려 시간을 낭비하고 있지 않은가?

[예]

- 스마트폰을 보며 빈둥거린다.
- 게임을 하거나, 만화를 본다.
- 술을 마시며 빈둥거린다.

- 친구에게 재밌는 모임에 초대받는다.

만약 당신이 하고 싶은 일을 못하거나 목표 달성 가능성에서 멀어지고 있다면, 그 원인이 되는 '유혹'을 먼저 차단해야 한다.

④ 쇼핑으로 시간을 보내지 않는다

여러분은 쇼핑 한 번에 시간을 얼마나 쓰는가? 쇼핑몰에서 하릴없이 돌아다니거나, 갖고 싶은 것, 편리해 보이는 물건을 애써 찾다 보면 1~2시간은 우습게 지나간다. 또 상점에 머무는 시간이 길어질수록 유혹이 많아져 고민하는 시간도 늘어난다. 고민하는 사이 괜스레 피곤해지고 유혹에 넘어가 돈을 낭비하게 된다.

나는 제4장에서 말했듯이, 사전에 쇼핑 목록을 만들고 목적 외의 물건은 안 사기 때문에 5분이면 쇼핑이 끝난다. 그리고 미리 '고민되면 사지 않는다'라는 기준을 세워 두고 있기 때문에 살까 말까 고민하는 시간도 없다.

⑤ 아침 시간을 허비하지 않는다

여러분은 오늘 아침을 어떻게 보냈는가? 괜히 빈둥대거나 다시 잠든 바람에 귀중한 시간을 날려 버리지는 않았는가? 나는 해가 뜨면 침대에서 일어나 5분 내로 씻고 아이의 식사를 챙긴 후 바로 산책에 나선다. 집에 돌아온 후 일정을 확인하고 바로 일을 시작하기 때문에 낭비하는 시간은 없다. 이렇게 일찍 일어나 오전 시간을 활용하는 것은 생산성을 높여 확실한 업무 성과를 내고 여유 시간을 만들기 위한 습관이 된다.

⑥ 오래 고민하지 않는다

고민만 하는 시간도 낭비다. 나는 고민이 생겼을 바로 노트북을 열어 다음과 같은 것을 적는다.

- 발생한 일
- 지금의 감정
- 무엇이 불안한가?
- 무엇이 불만인가?

- 지금, 무슨 생각을 하는가?

- 문제 해결을 위해 무엇을 할 수 있는가?

순서대로 적다 보면, 고민은 해소되고 문제 해결에 필요한 행동이 명확해져 시간을 효과적으로 쓸 수 있다. 오래 고민하느니, 차라리 행동으로 옮겨 보자. 생각만 하는 인생보다, 적극적으로 행동하는 인생을 만들어 가는 것이다.

⑦ 귀찮은 일을 뒤로 미루지 않는다

여러분은 귀찮은 집안일이나, 업무를 뒤로 미루는 경우가 있는가? 반드시 해야 할 일이라면 조금 뒤로 미룬다 한들 결국은 하게 되어 있다. 미루다 보면, 시간에 쫓기게 되고 초조함에 허둥대다가 실수를 저지르기 쉽다. 제때 할 일을 해치우는 것이 훨씬 효율적이다. 나도 시간적 여유가 필요하다고 생각한 이후로는 일을 미루지 않는다.

그래도 귀찮고 하기 싫을 때는 '3초 원칙'을 실행한다. '해야 하는데', '아, 깜빡했다'라고 생각이 드는 순간, 조금 귀찮아도 3초 내로 움직이는 것이다. 그러면 '핑계'를 생각할 거를이 없어지기 때문이다.

⑧ 속전속결로 처리한다

인생을 좌우하는 중대한 결정을 제외하고, 친구 모임이나 업무 의뢰 등을 나는 속전속결로 처리한다. 고민하는 시간이 아깝기 때문이다. '고민'하는 시점에서 답은 정해져 있다. 진심으로 원하고, 목표를 이루는 데 필요한 일이라면 망설임 없이 속전속결 할 것이다.

그래서 나는, 내키지 않는 모임이나 업무 의뢰는 바로 거절한다. 고민할 것 없이 참석하고 싶은 모임은 참석한다. 고민할 것 없이 수락하고 싶은 일은 수락한다. 이렇게 해서 시간을 효율적으로 사용할 수 있다. 절약으로 생활비가 줄어들고, 생활이 간소해진 미니멀리스트이기에 가능한 기술이다. 쓸데없는 일로 고민하는 일이 없다.

⑨ 시기하거나 부러워하지 않는다

요즘은 SNS 때문인지 남과 비교하는 일이 많은 것 같다. 여러분은 화면 너머의, 일면식도 없는 타인이 부럽고 샘

나서, 괜스레 짜증 나거나 괴로웠던 경험이 있는가? 타인과 비교하고 시기하며 짜증 내는 시간, 부러워하며 우울해하는 시간, 모두 명백한 시간 낭비다. 자신의 인생에 집중하자.

나는 이러한 시간 낭비를 없애기 위해 두 가지 방법을 생각했다. 첫째, 시기하는 사람을 시야에서 치우고 내 인생에 집중한다. 둘째, 그 사람과 협력 관계를 맺어 동료로 만들고 함께 발전한다.

시기한다는 것은 상대에게 그럴 만한 능력이나 재능이 있다는 증거이다. 그것을 활용하지 않을 이유는 없다. 물론 나도 상대에게 가치가 있어야 하겠지만, 운 좋게 서로 협력하는 관계를 맺을 수 있다면 함께 발전하는 기회로 삼을 수 있다.

☑ 불필요한 선택으로 고민하지 않는다.

☑ 계획을 빠듯하게 세우지 않는다.

☑ 유혹을 차단한다.

☑ 쇼핑으로 시간을 보내지 않는다.

☑ 아침 시간을 허비하지 않는다.

☑ 오래 고민하지 않는다.

☑ 귀찮은 일을 뒤로 미루지 않는다.

☑ 속전속결로 처리한다.

☑ 남을 시기하거나 부러워하지 않는다.

   버릴수록 부자 되는 미니멀리즘 재테크

제6장

흔들리지 않는 부의 시스템 만들기

1

하루에
0원으로 사는 행복

내가 절약을 위해 힘쓰는 것 중의 하나가 '노 머이 데이No Money Day'를 늘리는 것이다. 돈 쓰지 않는 날이 많으면 돈을 금방 모을 수 있고, 돈 때문에 느끼는 불안감을 떨칠 수 있기 때문이다. 옛날에는 일이 있는 날이건 없는 날이건 돈 쓸 일이 많았다. 물론 돈으로 기분 전환하는 것도 중요하지만, 세상에는 돈을 쓰지 않고도 마음을 충족시키고, 기분 전환할 수 있는 일이 얼마든지 있다.

내가 평소 0원으로 즐기는 일은 다음과 같다.

[예]

- 충분히 잔다.

- 베란다에 나가 햇볕을 쬔다.

- 자연 속을 느긋하게 걷는다.

- 아이와 공원에서 시간을 보낸다.

- 집에 있는 재료로 요리를 즐긴다.

- 도서관 같은 공공시설을 이용한다.

- 부모님 댁에 아이를 데리고 가서 시간을 보낸다.

- 매일 30분 이상 낮잠을 즐긴다.

- 가족, 친구와 많은 대화를 나눈다.

- 절에 간다.

- 나와 마주하는 시간을 갖는다.

- 느긋하게 욕조에 몸을 담근다.

- 일기와 독서를 즐긴다.

- 시간을 정해 두고 좋아하는 드라마, 영화를 감상한다.

- 유튜브 동영상을 보고 공부한다.

   버릴수록 부자 되는 미니멀리즘 재테크

- 베란다에 나가 석양을 보며 하루의 마무리를 즐긴다.

- 향초를 켜서 불꽃을 보며 생각을 줄이고 향을 맡으며 힐링한다.

- 좋아하는 음악을 듣는다.

- 건강을 돌본다.

- 돈의 사용처나 자산 계획을 생각해 본다.

- 흥미 있는 부업에 도전해 본다.

이렇게 돈을 들이지 않고도 즐길 수 있는 일은 얼마든지 있다. 1~2시간이라도 이러한 시간을 갖는 것이 절약 및 자산 형성에 매우 중요하다.

여러분도 0원으로 행복해질 수 있는 일, 즐길 수 있는 일을 찾아보기 바란다. 예시로 언급한 내용 외에도 정원 가꾸기, 사진 찍기, 커뮤니티 참여, 봉사활동 등이 있으며 청소를 좋아한다면 집 청소를 하는 것도 좋다. 돈을 쓰지 않고도 나와 가족이 만족감을 얻을 수 있는 것들을 찾아보자. 이 밖에도 내가 '노 머니 데이'를 늘리기 위해 실천하는 일이 있다.

[예]

- 되도록 피로를 쌓아 두지 않는다(피곤하면 낭비가 늘어남).

- 집을 깔끔하게 정리한다(집이 지저분하면 소비가 늘어나기 마련).

- 부모님, 친구, 이웃에게 호의를 베푼다.

- 소모품 사용량을 평소의 절반으로 줄인다.

- 물건을 아껴서 오래 쓴다. 자주 교체하지 않는다.

- 없는 것을 탐하지 않고, 지금 가지고 있는 것에 집중한다(현재에 만족하기).

- 집 근처에서 상품 가격이 저렴한 상점을 직접 찾아본다.

- 베란다 또는 빌린 텃밭에서 채소를 길러 본다.

이렇게 돈을 쓰지 않고도 알차게 사는 방법이 얼마든지 있다. 여러분도 오늘부터 '돈을 써서 얻는 행복'만 좇지 말고, 돈을 쓰지 않았을 때 알게 되는 '진정한 풍요'를 느껴 보기를 바란다.

나도 하루를 0원으로 지내는 날들을 모색하면서, '진정한 풍요'와 '행복'을 깨달았고 보물찾기하는 기분으로 하루하루를 즐기고 있다.

 버릴수록 부자 되는 미니멀리즘 재테크

☑ 노 머니 데이를 늘리면 돈을 모을 수 있다.

☑ 세상에는 0원으로 즐길 수 있는 일이 많다.

☑ 돈을 쓰지 않을 때 비로소 깨달을 수 있는 '행복'과 '풍요'가 있다.

빼셈 사고로 수입을 늘린다

나는 업무에도 미니멀리즘을 적용하여 확실하게 수입을 늘릴 수 있었다. 내가 좋은 효과를 보았던 '업무×미니멀리즘'은 다음과 같다.

① 일하는 공간에 불필요한 물건을 두지 않는다

나는 보통, 거실 탁자에서 유튜브 촬영 대본을 쓰거나 집필 작업을 하는데, 탁자 위에는 불필요한 물건을 일체 두지 않는다. 일할 때 두는 것은 그때 필요한 도구뿐이다. 예를 들어, 이렇게 책을 집필할 때는 탁자 위에 태블릿 PC와 물이 담긴 컵만 놓는다. 거실에는 집중을 방해하는 물건이 하나도 없다. 물론 스마트폰도 전원을 끄고 다른 공간에서 충전한다.

아내와 아이가 거실에서 놀고 있으면, 방에 혼자 들어가 아무것도 없는 곳에서 조용히 작업한다. 불필요한 물건이나 정보가 없어야 단시간에 집중해서 일을 마칠 수 있기 때문이다. 불필요한 정보는 우리의 행동을 둔하게 만든다.

② 간소함은 최고의 무기가 된다

나는 업무 도구를 선택할 때도 나름의 기준이 있는데, 기본적으로 개수는 적어야 하고 무엇보다 가벼워야 한다. 업무에 필요한 도구나 짐을 '최소화', '초경량화'함으로써 시간 낭비가 없어지고 체력 소모도 줄일 수 있어서다. 그래서 전국 어디든 갈 수 있고, 이사도 수월하게 할 수 있다. 그 결과, 업무 시간이 넉넉히 확보되어 다른 사람보다 많은 일을 해낼 수 있다. 게다가 짐이 간소해진 만큼 일에 빨리 착수

할 수 있어 기회를 놓치는 법이 없다.

나는 천재가 아니기 때문에 업무에 있어서 '양과 속도'가 중요하다고 생각한다. 야구에 비유한다면, 홈런 타자라기보다 안타 제조기이다. 나는 콘텐츠 하나에 몇십 만 회씩 조회수가 나올 만큼 유튜브 제작에 천재적인 능력이 있는 것도 아니고, 책 한 권이 몇십 만 부씩 팔릴 정도로 글재주가 뛰어나지도 않다.

그렇기에 어쨌든 타석에 서서 작은 안타라도 꾸준히 치는 것이다. 이처럼 고군분투하며 작은 성공을 꾸준히 쌓아가는 데 가장 중요한 것이 민첩성, 즉 행동력이다. 무거운 짐을 들고 있으면 남들과 차별화되지 않는다. 이렇게 '간소함'은 업무에 임할 때도 최고의 무기가 된다.

③ 다 쓴 물건은 처분한다

나는 업무와 관련된 물건도 쌓이지 않도록 철저히 관리한다. 다 쓴 서류나 메일, 자료는 바로 데이터를 삭제하고 명함도 역할을 다한 것은 바로 처리한다. 지금 주어진 일에 집중하고 싶어서다. 불필요한 물건이나 정보에 생각과 노

 버릴수록 부자 되는 미니멀리즘 재테크

력을 빼앗기고 싶지 않다.

이미 용도를 다한 서류나 메일, 자료, 명함은 쌓아 두어 봤자 돈이 되지 않는다. 오히려 보관비, 처리 비용에 돈이 들고, 정리 정돈하는 시간도 필요하다. 왜 지금 하는 일에 악영향을 미치면서까지 불필요한 물건을 남겨 두는 걸까? 나는 무슨 일이든 복잡해지는 것이 싫다. 늘 간소하게 살고 싶다.

④ 중요한 일은 3가지로 압축한다

돈을 벌겠다고 한 번에 5~10가지의 일을 하는 것은 효율적이지 않다. 너무 바빠지고, 무엇 하나 제대로 해내기가 어렵기 때문이다. 불필요한 일이 많으면 성과를 올릴 수 없고, 결과가 눈에 보이지 않아 동기 부여가 안 된다.

따라서, 나에게 가장 중요한 일과 해야 할 일을 압축해야 한다. 가장 이익이 되는 일, 내가 즐거울 수 있는 일, 보람이 느껴지는 일, 정열적으로 할 수 있는 일에 자원을 집중시키는 것이다.

제5장에서도 말했지만, 나는 오전과 오후에 할 일을 각

각 3개씩 엄선하여 집중적으로 처리한다. 그 외에 일은 전혀 하지 않는다. 이렇게 일의 우선순위와 중요도를 따져 보고 불필요한 일을 걷어 내 3가지 일에 집중한 결과, 오히려 '의욕'과 '집중력'이 훨씬 향상되었다.

⑤ 글은 짧고 간결하게 쓴다

나는 글도 되도록 짧고 간결하게, 가독성 있게 쓰려고 노력한다. 짧은 글로 상대방에게 내 의도를 잘 전달하면, 모두의 시간을 절약할 수 있기 때문이다.

글을 쓸 때는 보통 다음 5가지 과정을 거친다.

1단계: 전하려는 내용은 무엇인지 정리한다.

2단계: 결론부터 쓴다.

3단계: 왜 중요한지 이유를 덧붙인다.

4단계: 필요한 경우 구체적인 예를 추가한다.

5단계: 다 쓴 후에는 불필요한 단어나 문장을 삭제한다.

글이 아무리 길어도 내가 전하고 싶은 것이 상대에게 전해지지 않으면 아무 의미가 없다. 오히려 짧고 간단한 문장으로 정리하면 작업 효율도 오르고 무엇보다 글을 받아들이는 상대에게 '시간'이라는 최고의 선물을 줄 수 있다.

⑥ 회의, 상담은 시간을 정해서 한다

나는 회의나 업무 관련 상담도 반드시 시간을 정해서 한다. 예를 들면, "회의, 30분만 하고 끝내겠습니다", "15분만 업무 상담 가능하신가요?", "오늘 동영상 촬영은 45분간 진행하겠습니다"라고 말하는 식이다.

물론 말한 대로 안 될 때도 있지만, 미리 시간을 정해 두면 의식적으로 시간 낭비를 안 하게 되고, 나도 상대도 이후 일정을 짜기가 수월해진다. 무엇보다 기준 시간을 정하는 가장 큰 이유는 상대방의 시간을 존중하기 때문이다.

⑦ 생활비는 최소화하고 도전은 최대한 많이 한다

업무적으로 훌륭한 성과를 내고 실적을 쌓고 수입을 늘리려면 '도전의 수'가 중요하다. 알다시피, 도전에는 금전적, 정신적 여유가 필요하다. 그래서 더욱 적은 돈으로 생활하려고 하는 것이다.

월 100만 원으로 사는 사람과, 월 300만 원으로 사는 사람은 겪게 될 리스크의 크기와 기간이 다르다. 생활비를 최소화하면 새로운 일에 도전하기가 훨씬 쉬워진다. 나는 생활비를 월 100만 원으로 줄임으로써 2017년 유튜브에 도전할 수 있었고, 그해부터 2024년까지 8년간 2,200개 이상의 영상을 만들었다.

솔직히 유튜브는 나에게 여전히 미지의 세계이다. 성공 법칙 따위는 없고, 온전히 스스로 소재와 방법을 찾아내야 하는 상황이다. 어쨌든 최대한 많이 도전하고 숫자와 친하게 지내면서 많은 양을 소화하는 수밖에 없다. 그러다 보면 몇 개는 얻어걸린다.

내가 2,200개 이상의 동영상을 만들 수 있었던 것은 생활비를 줄여 정신적, 금전적 여유가 생겼기 때문이다. 만약 2017년에 생활비도 많이 나가고 저축한 돈도 전혀 없었다면 도전은 꿈도 못 꿨을 것이고, 했어도 금세 포기했을 것이다.

　버릴수록 부자 되는 미니멀리즘 재테크

☑ 일하는 공간에 불필요한 물건을 두지 않는다.

☑ 간소함은 행동력을 높이며 이는 최고의 무기가 된다.

☑ 다 쓴 물건은 처분한다.

☑ 중요한 일은 3가지로 압축한다.

☑ 글은 짧고 간결하게 쓴다.

☑ 회의, 상담은 시간을 정해서 한다.

☑ 생활비는 최소화하고 도전은 최대한 많이 한다.

돈을 지킬 방어력을 키운다

여러분이 절약, 일, 투자를 통해 순조롭게 자산을 불리고 있다면, 이 돈을 지킬 방어력도 키워야 한다. 수입이나 자산이 불어나면 친구 또는 가까운 지인에게 자기도 모르게 떠벌리는 사람이 적지 않다. 정말 믿을 수 있는 가족이나 친구라면 모를까, 내 수입과 자산, 돈 번 이야기, 무엇을 샀는지를 떠벌리는 것은 바람직하지 않다. 이유는 다음과 같다.

① 내 돈을 탐내는 사람이 많아진다

돈이 있다는 것이 주변에 알려지면, 친구들이 밥 또는 선물을 사 달라고 하거나, 돈 드는 모임에 초대하거나, 문자나 전화로 돈을 빌려 달라고 하거나, 수상한 영업을 하는 경우가 반드시 생긴다. 돈을 지키는 방어 능력이 굉장히 뛰어난 사람이라면 몰라도, 괜스레 기분이 들떠 있으면 큰돈을 잃을 수 있으니 주의해야 한다.

② 사기, 절도, 강도에 휘말린다

2024년 뉴스를 잘 보지 않는 나조차도 큰 충격을 받았던 사건이 있다. 바로 일본 수도권에서 잇따라 발생한 불법 아르바이트 강도 사건이다. 정말로 흉흉한 사건이 심심치 않게 일어난다. 고가의 물건을 걸치고 다니거나, 집에 그러한 물건이 있다는 것이 알려지면 사기, 절도, 강도 사건에 휘말릴 수 있으니 주의해야 한다. 비싼 물건이 너무 많으면, 방범 비용도 나가고 괜한 걱정도 늘게 된다.

🗨 일본 수도권에서 SNS를 통해 고액 아르바이트를 할 사람을 모집한다고 속인 뒤 강도 범행을 시키는 사건이 연이어 발생한 적이 있습니다. (출처:

③ 돈 자랑은 남을 불쾌하게 한다

돈 자랑이나 잘난 척은, 높은 확률로 남을 불쾌하게 만들어 인간관계에 악영향을 미치고, 질투의 대상이 될 뿐만 아니라 싸움에 휘말릴 가능성도 커진다. 쓸데없이 주변의 미움을 사면 하는 일에 좋을 것이 없고, 협조를 구해야 할 친구나 지인을 잃을 수도 있다. 최악의 경우 이직이나 이사를 해야 할 수도 있다.

나도 수입과 자산이 늘어난 후, 돈을 잃거나 가족이 피해를 볼까 봐 두려웠던 경험이 있다. 2017년부터 2023년까지는 얼굴을 공개하고 유튜브 활동을 했는데, 그 때문에 한 살 아이가 다니던 어린이집 원장 선생님이 나의 개인 정보를 속속들이 알게 되었고(나와 가족의 본명, 주소, 생김새), 전철역에서 친구를 기다리던 우리 가족을 보고 어떤 시청자가 갑자기 인사를 하기도 했으며(거주 지역이 알려짐), 역무원과 경찰관, 방문한 상점의 직원들이 말을 건 일도 있었다.

물론 고마운 일이고 모두 좋은 분들이어서 다행이었지만, 그와 동시에 약간의 두려움도 느꼈다. 상대적으로 치안이 좋다는 나라에 살고 있지만 나나 가족이 사기, 절도, 강도, 분쟁에 엮일 가능성도 전혀 없지는 않기 때문이다. 내가 너무 소심한가 싶다가도, 굳이 위험을 감수하며 공개적으로 돈 이야기를 할 필요는 없겠다는 결론에 이르렀다.

내 경험은 조금 특이한 사례겠지만, 만약 여러분이 순조롭게 자산을 늘려 가고 있다면, 소중한 가족과 자산을 지킬 방어력도 함께 키우는 것이 좋을 것이다.

이를 위해 나는 다음을 실천 중이다.

[예]

- 지인, 친구, 친척들에게 자산을 공개적으로 말하지 않는다.

- 소지품, 겉모습으로 돈 있는 티를 내지 않는다.

- 차는 소유하지 않는다. 살 경우, 적당한 수준의 것을 선택한다.

- 거주할 집은 평범한 곳으로 선택한다(임대 주택, 구축 등).

- 치안이 안 좋은 동네는 피한다.

- 개인 정보(직업, 주소, 전화번호)를 아무에게나 알려 주지 않는다.

- 가깝지 않은 관계는 집에 초대하지 않는다.

- 사치스러운 생활을 SNS에 자랑하지 않고 검소하게 산다.

- 분수에 안 맞는 고가의 물건은 최대한 소유하지 않는다.

- 사고에 엮이지 않도록 운전에 주의한다.

- 신용 카드에 번호를 표기하지 않는다.

  ● 일부 신용 카드는 카드에 번호를 표기하지 않는 경우가 있습니다. 이는 카드 도난 및 부정 사용을 막기 위한 보안 강화 추세에 따른 것입니다. 이러한 유형의 카드는 일반적으로 카드 플레이트에 이름만 표기되거나 아예 아무것도 표기되지 않기도 합니다. 카드 번호 확인이 필요한 경우 카드사 전용 앱에 접속하여 확인하는 등의 방식을 활용합니다. – 옮긴이 주

- 새로운 인간관계는 신중하게 맺는다. 사람을 쉽게 믿지 않는다.

- SNS에 얼굴을 공개하면 위험이 따른다는 것을 이해한다.

- 돈 벌 수 있다는 꼬임에 쉽게 넘어가지 않는다.

- 고가의 물건을 살 때는 시세와 후기를 꼼꼼히 조사한다.

- 공개된 장소에서 돈 이야기를 하지 않는다.

- 아이에게 집안 경제 상황을 이야기할 때는 신중을 기한다.

- 검소하게 절제하며 산다.

- 겸손하고 성실하게 행동한다.

마지막으로, 돈과 자산은 주위에 과시해서 우월감을 얻기 위한 것이 아니라는 점을 강조하고 싶다. 돈은 가족과 함께 안정적으로, 자유롭게 살아가기 위한 것이다. 만약 당신이 위험을 무릅쓰고 돈 자랑을 한다면, 그 안정감과 자유를 잃을 수도 있으니 명심하길 바란다.

Point

☑ 돈 자랑은 위험하다.

☑ 재산이 늘었다면 더더욱 겉모습이나 언행에 주의한다.

☑ 돈이 있다는 것을 과시하지 않는다.

☑ 돈은 '안정감'과 '자유'를 위해 모아 가는 것이다.

투자는
전 세계 인덱스 투자 하나면 충분

3개월~2년치 생활비에 해당하는 비상금을 모았다면 전 세계 인덱스 투자 제도를 사용해 자산을 불려 보자. 제1장에서 말했지만, 우리 집도 온라인 증권사 라쿠텐 증권에 증권 계좌를 개설하고 NISA에서는 'eMAXIS Slim 전 세계 주식(올 컨트리)'에, iDeCo에서는 '라쿠텐 전 세계 주식 인덱스 펀드'에 장기 투자 중이다. 투자는 무섭다는 사람들을 위해, 내가 '전 세계 주식 인덱스 펀드'를 추천하는 이유를

     버릴수록 부자 되는 미니멀리즘 재테크

짧게 정리하면 다음과 같다.

한국 독자들도 지수 추종 투자 방식을 기준으로 잡고 읽으면 이해에 도움이 될 것이다.

- **저비용**: 운용비가 저렴하고 수익을 잃을 가능성이 낮다.

- **폭넓은 분산 투자**: 전 세계 선진국, 신흥국의 주식에 투자할 수 있다.

- **간단한 운용**: 한 종목만 매수해도 전 세계 주식에 자동으로 분산 투자가 가능하다.

- **관리가 쉬움**: 나라 및 지역의 비율이 자동으로 조정되어 관리가 필요 없다.

- **장기 투자에 적합**: 세계 경제의 성장에 폭넓게 투자할 수 있다.

- **과거 데이터에 근거한 안전성**: 역사적으로도 주식 시장 전체는 장기적으로 성장해 왔다.

- **시황 예측이 불필요**: 지수를 추종하는 투자 스타일이기 때문에 예측이 불필요하다.

- **감정이 흔들릴 일이 거의 없음**: 시장 전체에 투자하는 것이므로 '묻어 두기'가 기본이다.

- **자산 형성에 알맞음**: 세금 혜택 제도(NISA나 iDeCo)의 조건과 잘 맞는다.

- **자산 전략이 단순**: 목표 금액, 기간, 적립액, 자산 배분만 고려하면 된다.

- **매도 전략도 단순**: 전 세계 주식 한 종목뿐이라 매도가 번거롭지 않다.

- **초보자에게 적합**: 위와 같은 이유로, 초보 투자자에게 가장 적합하다.

이러한 특징이 있어 'eMAXIs Slim 전 세계 주식(올 컨트리)'은 초보와 고수를 막론하고 폭넓은 투자자들에게 인기가 있다. 특히 간편하고 효율적으로 전 세계의 성장에 투자할 수 있는 것이 가장 큰 매력이다. 나도 이 상품은 중간에 매도하지 않고 10년이든 30년이든 장기 보유할 수 있을 것 같다는 생각으로 선택했다.

물론 투자는 자기 책임이 따르는 만큼 시작하기 전에 인덱스 투자 관련 도서를 최소 3권은 읽어 보자(이 책에서는 간결하게 정리하는 선에서 그쳤다).

처음에는 나도 투자에 대해 무지하여 두려웠기 때문에 관련 도서를 10여 권 정도 읽으며 공부했다. 다 읽어 보니, 내용이 대부분 비슷하여 마침내 굳은 결심으로 투자를 시작할 수 있었다.

'내가 모르는 것은 투자하지 않는다. 잘 아는 것만 투자한다'라는 것도 중요한 투자 원칙이므로 초보 투자자라면 반드시 공부부터 하고 시작하길 바란다.

그래서 내가 그동안 읽었던 총 18권의 투자 관련 서적 중, 초보 투자자에게 추천할 만한 책을 3권만 추려 소개하려고 한다.

💬 저자가 소개한 책은 모두 국내 미출간 서적입니다. 다만 저자가 어떤 의도에서 읽어 보라고 한 것인지 확인하는 것이 좋을 것 같아 원서의 제목을 그대로 번역하여 소개했습니다. – 옮긴이 주

① 《초보자를 위한 3만 원 투자 생활》
(요코야마 미츠아키 지음, 주식회사 아스콤)

- 투자에 대한 불안, 진입 장벽을 낮춰 주었다.
- 소액으로 시작하면 두려워할 필요가 없다는 것을 알려 주었다.
- 투자를 시작할 용기와 계기가 되었다.

- 투자의 기본과 실제 사례를 알려 주었다.

②《돈은 묻어서 불려라》
(미즈세 겐이치 지음, 포레스트출판주식회사)

- 인덱스 투자의 매력을 한 권에 모두 담았다.

- 인덱스 투자의 실천 방법을 자세하게 배울 수 있다.

- 돈을 묻어서 불린다는 것의 의미를 이해할 수 있다.

③《묻어 두기 투자법》
(야마자키 하지메/미즈세 겐이치 지음, 아사히신문출판)

- 전 세계 주식의 인덱스 펀드 투자를 결심하게 된 책이다.

- 인덱스 상품을 오래 가지고 있는 것이 가장 간단한 투자법이라

  는 것을 알려 주었다.

- 다른 금융 상품에 눈 돌리지 않게 되었다.

- '묻어 두기' 투자법을 배웠다.

  💬 다음 쪽에서는 저자의 추천도서와 비슷한 책을 몇 권 골라 함께 추천합니
     다. – 옮긴이 주

　　버릴수록 부자 되는 미니멀리즘 재테크

ETF 및 가치 투자 관련 국내 도서입니다.

① **《마법의 연금 굴리기: 연금저축, IRP, ISA 절세 삼총사를 ETF로 자산배분하라!》**
(김성일 지음, 에이지21)

- 저자의 주장에 가장 부합하는 책입니다.

② **《박곰희 연금 부자 수업: 4개의 통장으로 월 300만 원 만들기》**
(박곰희 지음, 인플루엔셜)

- IRP 계좌를 활용하여 ETF를 장기 투자하는 방법을 제시하고 있습니다.

③ **《ETF 투자 무작정 따라하기: 손쉽게 투자해서 확실히 수익 내는 ETF의 모든 것》**
(윤재수 지음, 길벗)

- ETF의 개념, 구조, 매매법 등을 쉽게 설명합니다. ETF의 입문서입니다.

④ 《연금 스노우볼 ETF 투자 습관: 눈덩이처럼 불어나는 개인

연금 운용법》
(김수한 지음, 좋은습관연구소)

- IRP 계좌에서 ETF를 활용하여 장기적으로 자산을 불려 나가는
연금 투자에 특화된 전략을 제시합니다.

⑤ 《ETF 투자 7일 완성: 투자로 부자되는 가장 쉬운 방법》
(신성호 지음, 한국경제신문)

- ISA 계좌 활용법과 연금저축펀드 및 IRP를 통한 ETF 투자 방법
을 설명합니다.

추천 도서를 통해 인덱스 펀드와 ETF의 많은 것을 알 수 있으며 투자의 기본을 배울 수 있을 것이다. 투자를 두려워 말고, 매달 묵묵히 전 세계 주식 인덱스 펀드와 같은 지수 추종 상품에 투자하면 10년, 20년, 30년 후에는 자산을 확실하게 불릴 수 있다.

특히 초보 투자자들에게는 일상생활에 지장이 없는 간단한 투자 스타일이 적합하다. 손이 덜 가는 만큼 자유 시

　버릴수록 부자 되는 미니멀리즘 재테크

간을 충분히 확보할 수 있다. 그 시간에 재정을 점검하고, 일에 전념하고, 취미에 몰두하는 것이 좋다. 어쨌든 자산 형성에 쏟을 에너지와 비용을 절약하여 '더 나은 인생'과 '보람찬 삶'을 영위할 수 있는 일에 사용하자.

마지막으로, 여러분의 투자에 참고가 될 만한 '올 컨트리 투자의 10가지 기본 원칙'을 알려 주고자 한다. 이것은 내가 여유 있게 투자하기 위해 실천 중인 원칙이다.

[올 컨트리 투자의 10가지 기본 원칙]

① 비상금을 확보하고 투자는 반드시 여유 자금으로 한다.

② 시황을 확인하지 말고 담담하게 매달 일정액을 적립한다(적립식 투자법 활용하기).

③ 상승장이 오더라도 욕심내지 말고, 지속적으로 담담하게 일정액을 적립한다.

④ 하락장이 오더라도 불안해하지 말고, 담담하게 일정액을 적립한다.

⑤ 현금에 여유가 있으면 매달 적립액을 늘리고 여유가 없으면 적립액을 줄인다.

⑥ 폭락장이 오더라도 안심하고 투자를 지속할 수 있도록 자산을 적절히 배분한다.

⑦ 투자 수익의 기대치를 너무 높게 잡지 않는다(평균 수익은 5%로 상정).

⑧ 상승장일 때는 자산이 불어나는 것을 즐긴다.

⑨ 하락장일 때는 저렴하게 살 수 있으니 좋다고 생각한다.

⑩ 무리하지 말고, 초조해하지 말고, 가늘고 길게 투자한다.

올 컨트리 투자는 폭락 시에도 '얼마큼 팔지 않고 버티는가(장기 보유할 수 있는가)'가 핵심이다. 무리하지 않는 선에서 꾸준히 투자하다 보면, 10년, 20년, 30년 후 분명 그 노력이 보답할 것이다. 여러분의 목표 자산액에 도달할 때까지 꾸준히 투자해 보기 바란다.

☑ 투자는 무엇보다 간단해야 한다(복잡하지 않게 하기).

☑ 잘 모르는 것에는 투자하지 않는다.

☑ 지수 추종 투자에 관한 책을 적어도 3권 읽는다.

☑ 우선은 소액으로 시작해 본다.

☑ 자산 형성에 들일 수고와 비용을 절약해서 자유를 즐긴다.

☑ '올 컨트리 투자의 10가지 기본 원칙'을 지켜 투자한다.

☑ 목표 자산액이 도달할 때까지 꾸준히 투자한다.

부와 행복의 균형을 생각한다

마지막으로, '부와 행복의 균형'에 대해 생각해 보는 시간을 가져 보고자 한다. 여러분은 혹시 이러한 경험이 있는가?

- 절약에 집착했더니 마음이 궁핍해졌다.
- 저축을 많이 하려고 과로를 했더니 몸이 힘들다.
- 투자에 신경 쓰느라 현생을 즐기지 못하는 기분이다.
- 자산은 늘었지만 친구와 소원해졌다.

- 구두쇠가 되어 가족과 돈 때문에 싸우는 일이 늘었다.

- 자산은 늘었지만 별로 행복하다는 생각이 들지 않는다.

- 일을 열심히 하고 싶은데 가족과의 시간도 중요해 고민된다.

이렇게 자산 형성을 위해 절약과 일, 투자에 집중하다 보면 '행복'에서 멀어지는 딜레마를 겪게 되기도 한다. 물론 자산이 불어남으로써 인생의 가능성도 확장되고, 안정감도 생기지만 '자산의 증가=행복'이라고 맹신하는 것은 경계해야 한다.

나도 그런 시기가 있었다. 자산은 순조롭게 늘었지만, 돈 때문에 가족과 갈등을 겪고 친구 관계가 소원해졌다. 또 과로로 몸이 망가지고 여행이나 취미 생활을 할 틈도 없어 마음이 삭막해진 것이다.

이러한 경험을 통해 여러분에게 하고 싶은 말은 '미래에 꾸준히 투자하는 것'도 중요하지만, '현재를 행복하게 살아가는 것'도 그에 못지않게 중요하다는 사실이다. 나는 항상 '나의 행복', '가족과의 행복'을 생각한다. 여러분도 잠시 '행복'에 대해 생각해 보기를 바란다. 당신에게 행복이란 무엇인가? 행복한 상태란, 어떤 상태일까?

[예]

- 나의 건강

- 가족의 건강

- 매일 8시간의 수면

- 적당히 일하는 생활

- 아이와 아내(남편)의 미소

- 경제적 안정감

- 적게 쓰고 적게 일하며 사는 삶

- 충분한 자산

- 느긋한 삶

- 스트레스가 적은 생활

- 일에서 느끼는 보람과 만족

- 내 방식대로 일하는 것

- 정기적으로 친구와 만나 우정을 다지는 것

- 매일 가족과 함께하는 식사

- 즐거운 취미

 버릴수록 부자 되는 미니멀리즘 재테크

이외에도 많을 것이다. 즉, 행복은 '자산의 증가'에만 있지 않다. 지금, '무엇을 위해 자산을 형성하는지' 생각해 보자. 나는 '나와 가족의 행복'과 '미래 대비'가 적절한 균형을 이루도록 목표 자산액을 수정하고, 업무량과 절약 수준을 거기에 맞춰 조정하는 식으로 매해 자산 계획을 세운다.

무리해서 자산을 불리려고 하면 반드시 희생이 따른다. 가족, 친구와 멀어지고 건강을 망칠 수 있으며 힐링이 되는 취미조차 잃을 수 있으니 주의하자. 자산 형성을 서두를수록 소중한 것들을 잃게 된다.

고위험 금융 상품이나 고위험 투자 방식에 손을 대서 큰돈을 잃을 수도 있다. 힘들게 모은 자산을 그런 식으로 잃는다면 본말전도다. 그러므로 너무 서두르지 말고 자신과 가족의 '행복'을 먼저 생각하자. 꾸준히 부를 쌓아 가면 된다. 자산 형성에 적당히 돈을 사용하면서, 마음도 채울 수 있는 삶을 목표로 하자. 그렇게 한다면, 자산 형성 과정 자체가 즐겁게 느껴질 것이다.

☑ 자산 형성을 서두를수록, 소중한 것을 잃을 수 있다.

☑ '미래 대비'와 '현재의 행복'이 적절한 균형을 이루어야 한다.

☑ 나의 행복, 가족의 행복이 무엇인지 명확히 한다.

☑ 지금, 나를 행복하게 만드는 일에도 돈을 쓴다.

☑ 자산 형성 과정 자체를 즐기자.

'미니멀리스트×지수 추종 투자'는
최강의 라이프스타일이다

마지막까지 이 책을 읽어 준 독자께 깊은 감사를 전한다. 내가 2015년에 미니멀리스트가 된 이후, 근 10년간 꾸준히 자산을 불릴 수 있었던 것은, 우리 수준에 맞는 튼튼한 재정을 구축했기 때문이다. 그런 나의 경험이 전해져 조금이라도 여러분에게 도움이 되었으면 좋겠다.

지난 10년을 돌이켜 보건대, '미니멀리스트×인덱스 투자'는 진심으로 최강의 라이프스타일이었다는 생각이 든다. 수입이 적거나, 건사할 자녀가 있어도 자산을 수월하게 불릴 수 있기 때문이다.

책을 마무리하며 앞선 나의 경험을 바탕으로 독자 여러분께 절약과 투자에 대해서 당부하고 싶은 것이 3가지 있다.

① 미니멀하게 살면 인생의 가능성이 확장된다

'물건이 적은 삶', '물건을 되도록 사지 않는 삶'을 완벽하게 실현하는 사람은 별로 없을 것이다. 하지만 내가 지향하는 삶은 '원하지 않는 것'을 최대한 하지 않고, '원하는 것'만 하는 삶이다. '물건'은 그러한 삶을 실제로 살기 위한 수단일 뿐이다.

예를 들어, 행복해지고 싶으면 '행복을 가로막는 것'을 제거해야 한다. 돈을 모으고 싶으면 '저축에 방해되는 것'을 제거해야 한다. 성장하고 싶으면 '성장을 방해하는 것'을 제거해야 한다. 어떤 목표를 이루고자 한다면 '목표 달성에 방해가 되는 것'을 제거하는 것이다. 즉, 자신이 지향하는 이상적인 인생에 방해가 되는 것, 족쇄가 되는 것, 불필요한 것을 제거하고 그 목표에 다가가는 삶. 그것이 바로 '미니멀리스트'가 살아가는 방법이다. "그렇게 다 포기하고는 못 살아!", "어떻게 쇼핑 없이 살 수 있어!"라고 처음부터 포기할 것이 아니라, '여러분이 원하지 않는 것'부터 제거해 보자.

미니멀하게 살아갈수록 인생의 가능성이 무한대로 확장된다. 인생에서 불필요한 선택지를 제거하여 쓸데없는 일에 시간, 돈, 생각, 에너지를 쓰지 않기 때문이다. 이 책을 다 읽은 후, '인생에서 내가 무엇을 원하고, 무엇을 원하지 않는지' 생각해 보기를 바란다.

② 총 자산액은 자신의 전투력

나는 '총 자산액=자신의 전투력'이라고 생각한다. '돈을 모으고 불리는 것'도 하나의 뛰어난 재능이고, '자산을 ○천만 원이나 불렸다'라는 것도 훌륭한 경험이자 실적이다. 이는 자신감으로도 이어진다.

자산을 1억 원에서 3억 원, 5억 원으로 크게 늘려 본 사람은 알겠지만, 자산이 있으면 인생에 여유가 생기고, 가능성도 훨씬 크게 펼쳐진다. 일, 작업 방식, 행동력, 결단력, 시간 사용법, 돈 사용법, 마음의 여유, 노후를 대하는 자세,

 버릴수록 부자 되는 미니멀리즘 재테크

사람을 대하는 자세, 인생의 목표까지 많은 것이 바뀐다. 자산액이 증가하면 할수록, 내 인생은 내가 움직인다는 생각이 강해진다. 이것이 내가 총 자산을 자신의 전투력이라고 생각하는 이유다.

③ 자산액＝(수입−지출)＋(저축액×운용 수익률)

자산 형성은 결국, '더 많은 돈을 벌고, 더 적은 돈으로 살아가며, 더 많은 돈을 전 세계 주식의 인덱스 투자에 적립한다'로 정리된다.

자산이 불어나는 원리는 매우 간단하다. '자산액＝(수입−지출)＋(저축액×운용 수익률)'로 나타낼 수 있다. 전 세계 주식의 인덱스 투자는 평균 수익률이 3~7%이므로, 나중에 수입이 오르든, 지출이 줄어들든, 지금보다 투자액이 늘어나든, 꾸준히 적립만 하면 된다. 그저 매달, 매해 반복하는 게 전부다. 자산 형성 방법은 이처럼 매우 간단하다. 그러니 여러분도 이 방법으로 재산을 키워 보길 바란다.

아무쪼록 이 책이 여러분에게 '미니멀리스트×자산 형성'

의 매력을 제대로 전달했으면 좋겠다.

끝으로, 여러분의 앞날이 더 간소하고, 자유롭고, 풍요롭기를 진심으로 기원한다.